大学中庸译注

王文锦◎译注

中华书局

图书在版编目（CIP）数据

　　大学中庸译注 ／王文锦译注．—2 版．—北京：中华书局，
2019.8（2025.10 重印）
　　ISBN 978-7-101-13780-4

　　Ⅰ．大…　Ⅱ．王…　Ⅲ．①儒家②大学-译文③大学-注释
④中庸-译文⑤中庸-注释　Ⅳ．B222.1

　　中国版本图书馆 CIP 数据核字（2019）第 036349 号

书　　　名	大学中庸译注
译 注 者	王文锦
责任编辑	朱立峰
封面设计	刘　丽
责任印制	陈丽娜
出版发行	中华书局
	（北京市丰台区太平桥西里 38 号　100073）
	http://www.zhbc.com.cn
	E-mail:zhbc@zhbc.com.cn
印　　　刷	三河市鑫金马印装有限公司
版　　　次	2008 年 12 月第 1 版
	2019 年 8 月第 2 版
	2025 年 10 月第 21 次印刷
规　　　格	开本/880×1230 毫米　1/32
	印张 7¾　插页 2　字数 160 千字
印　　　数	110001-113000 册
国际书号	ISBN 978-7-101-13780-4
定　　　价	38.00 元

出 版 说 明

　　《四书》是中国儒家的著名经典，是《大学》、《中庸》、《论语》、《孟子》的合称。其中《大学》、《中庸》原是《礼记》中的两篇，宋代以前没有独立成编。南宋理学家朱熹首次将《大学》、《中庸》、《论语》、《孟子》汇集在一起，并为之作注，成《四书章句集注》一书，对后世产生了深远的影响。明清两朝的科举以八股取士，而八股文的题目都是从《四书》、《五经》中选取，因此《四书》便成为南宋以后士子的必修书，其影响达七百年之久。

　　现在越来越多的人有阅读儒家经典的需求，《大学》、《中庸》作为《四书》中的两部，当然在率先阅读的范围之内。本书以现代著名礼学专家、古籍整理专家王文锦先生的《礼记译解》为基础，精选了包括《大学》、《中庸》在内的十四篇文章，重新编排，采用横排简体，使广大读者在《大学》、《中庸》之外，还可以了解一些古代的礼乐制度和儒家的基本思想。这十四篇文章的排序以《大学》、《中庸》、《儒行》三篇居首，因为它们影响最大；另外的十一篇，则依它们在《礼记》中的次序排列。在每篇文章的首页，我们以脚注注出了其在《礼记》中的篇次。特此说明。

中华书局编辑部

二〇一九年一月

目　次

大 学[*]

共十二章

1·1 大学之道在明明德^①，在亲民^②，在止于至善。知止而后有定，定而后能静，静而后能安，安而后能虑，虑而后能得。物有本末，事有终始，知所先后，则近道矣。

【注释】

①大——旧音太，朱熹读本音。   ②亲——程颐认为"亲"当作"新"。

【译解】

大学的宗旨，在于彰明人们光明的德性，在于教育人们亲爱人民，在于使人们达到至善的目标。知道应该达到的目标，然后才能有确定的志向，有了确定的志向，然后才能心静，心静然后才能神安，神安然后才能周详地思虑，思虑周详然后才能处事得宜。凡物都有本有末，凡事都有始有终，知道事物的先后次序，就接近大道了。

——————————

* 本篇为《礼记》第四十二篇。

1·2 古之欲明明德于天下者先治其国，欲治其国者先齐其家，欲齐其家者先修其身，欲修其身者先正其心，欲正其心者先诚其意，欲诚其意者先致其知，致知在格物。物格而后知至，知至而后意诚，意诚而后心正，心正而后身修，身修而后家齐，家齐而后国治，国治而后天下平。

【译解】

古代有想要彰明光明德性于天下的人，先要治理好自己的国家；想要治理好自己的国家，先要整顿好自己的家庭；想要整顿好自己的家庭，先要修养自身；想要修养自身，先要端正自心；想要端正自心，先要诚实自己的意念；想要诚实自己的意念，先要获得知识；获得知识就在于推究事物的原理。推究了事物的原理才能得到真知，得到真知然后才能意念诚实，意念诚实然后才能心正，心正然后才能提高自身修养，提高了自身修养然后才能整顿好家庭，家庭整顿好了然后才能治理好国家，国家治理好了然后才能使天下太平。

1·3 自天子以至于庶人，壹是皆以修身为本。其本乱而末治者，否矣。其所厚者薄，而其所薄者厚，未之有也。此谓知本，此谓知之至也。

【译解】

从天子下至平民百姓，一律要以修身为根本。这个根本坏了乱了，而派生的枝干末梢却能治好，那是不可能的。对自己关系

亲厚的人情意淡薄，而对自己关系淡薄的人却情意浓厚，没有这
样的情理。这就叫做知本，这就叫做认知的极致。

1·4　所谓诚其意者，毋自欺也^①，如恶恶臭^②，如
好好色^③。此之谓自谦^④。故君子必慎其独也。小人闲居
为不善，无所不至，见君子而后厌然揜其不善而著其
善^⑤，人之视己如见其肺肝然，则何益矣。此谓诚于中，
形于外，故君子必慎其独也。曾子曰："十目所视，十手
所指，其严乎!"富润屋，德润身，心广体胖^⑥，故君子
必诚其意。

【注释】

　①毋——音吴。　　②恶恶——上音物，下音饿。　臭——音
秀。　③好好——上音浩，下音郝。　　④谦——郑玄云："谦读
为慊。"慊音妾。　　⑤厌——郑玄云："厌读为黡。"黡音眼。
揜——通掩。　　⑥胖——音盘。

【译解】

　　所谓诚实自己的意念，是说不要自己欺骗自己，就像厌恶恶
臭气味、爱好美色那样自然真实。这样诚实不欺，才称得上是自
我满足。为了做到诚实不欺，所以君子必须戒慎自己一人独处的
时候。小人平日闲居时为非作歹，没有哪样坏事做不出来的，及
至见到君子，然后遮遮盖盖地掩藏他那不光彩的行径，而故意显
露他的"善良"，却不知别人看自己，就如同看见了自己的肺肝一
样，那装模作样又有什么益处呢! 这是说，充满于心中的东西，

总要表现在外面的，所以君子必须戒慎自己一人独处的时候。曾子说："十只眼睛在注视着你，十只手在指点着你，这多么严厉可怕呀！"财富能够润饰房屋，道德能够润饰人身，心胸宽广从而身体舒适，所以君子一定要诚实自己的意念。

1·5　《诗》云："瞻彼淇澳①，菉竹猗猗②。有斐君子③，如切如磋，如琢如磨。瑟兮僩兮④，赫兮喧兮⑤。有斐君子，终不可谖兮⑥。"如切如磋者，道学也。如琢如磨者，自修也。瑟兮僩兮者，恂栗也⑦。赫兮喧兮者，威仪也。有斐君子终不可谖兮者，道盛德至善，民之不能忘也。《诗》云："於戏前王不忘⑧。"君子贤其贤而亲其亲，小人乐其乐而利其利，此以没世不忘也。《康诰》曰"克明德"，《大甲》曰"顾諟天之明命"⑨，《帝典》曰"克明峻德"，皆自明也。汤之《盘铭》曰："苟日新，日日新，又日新。"《康诰》曰："作新民。"《诗》曰："周虽旧邦，其命惟新。"是故君子无所不用其极。《诗》云："邦畿千里⑩，惟民所止。"《诗》云："缗蛮黄鸟⑪，止于丘隅。"子曰："于止，知其所止，可以人而不如鸟乎？"《诗》云："穆穆文王，於缉熙敬止⑫。"为人君止于仁，为人臣止于敬，为人子止于孝，为人父止于慈，与国人交止于信。子曰："听讼，吾犹人也，必也使无讼乎！"无情者不得尽其辞，大畏民志。此谓知本。

【注释】

①澳——音域。　②菉——音录。　猗——音夷。朱熹云："协韵音阿。"　③斐——音翡。　④侗——音显。　⑤喧——音选，通咺。　⑥谖——音宣，通谖。　⑦恂——音循。栗——音立。　⑧於——音呜。戏——音呼。　⑨大——通太。谟——音是。　⑩畿——音基。　⑪缗——音民，又音棉。　⑫於——音乌。缉——音气。

【译解】

《诗经·卫风·淇奥》篇说："瞧那淇水的水湾，菉竹草茂盛美观。有位文采焕发的君子，犹如骨角经过切磋，犹如玉石经过琢磨。矜庄啊，严谨啊！显赫啊，昭明啊！有位文采焕发的君子，令人始终不能忘怀啊！""如切如磋"的意思，喻指君子的努力治学；"如琢如磨"的意思，喻指君子认真地自修；"瑟兮侗兮"的意思，是说君子端庄恭慎的心态；"赫兮喧兮"的意思，是说君子的威严仪表；"有斐君子终不可谖兮"的意思，是说君子盛大的品德尽美尽善，人民不能忘记他。《诗经·周颂·烈文》篇说："啊！对于前王要念念不忘。"嗣位的君子之所以不忘前王，是尊重前王的贤德，热爱前代的亲人；百姓们之所以不忘前王，是乐于享受前王所创造的安乐局面，利于享有前王所带来的利益：因此人人终生念念不忘前王。《尚书·康诰》篇中说："能够彰明美德。"《尚书·太甲》篇中说："要顾念熟思上天赋予的光明使命。"《尚书·帝典》篇中说："能够彰明伟大的品德。"都说的是自己去彰明光大自己的德性。商汤浴盘上的铭辞说："假如今天洗净污垢更新自身，那么就要天天清洗更新，每日不间断地清洗更新。"《尚书·康诰》中说："使他们作为新的人民。"《诗经·大雅·文王》篇中说："周虽然是个古旧的邦国，而她承受天命，气象一新。"所以，英明的国君为了除旧更新，没有一处不用那最有效的手段。《诗经·商颂·玄鸟》篇中说："京都直辖地区方圆千里，这是人民居止的所在。"《诗经·小雅·缗蛮》篇中说："缗缗蛮蛮地鸣叫的黄鸟，栖止于山丘多树的一角。"孔子说："关于栖止，黄鸟还知道自己该栖止的处所，怎么可以人还不如鸟呢!"《诗经·大雅·文王》篇中说："端庄肃穆的文王，啊! 不断地走向光明，敬其所处的地位。"所以，作为人君要居心于仁爱，作为人臣要居心于恭敬，作为人子要居心于孝顺，作为人父要居心于慈爱，与国人交往要居心于诚信。孔子说："听断诉讼，我犹如他人的心情一样，一定要使人们不再发生争讼。"圣人使没有真情实意的人不敢申说他那狡辩的言辞，大服民心。这便称得上知道根本。

1·6 所谓修身在正其心者，身有所忿懥则不得其正①，有所恐惧则不得其正，有所好乐则不得其正②，有所忧患则不得其正。心不在焉，视而不见，听而不闻，食而不知其味。此谓修身在正其心。

【注释】

①懥——音至。　②好——音浩。　乐——音药。

【译解】

所谓修身在于端正自心，意思是说，自身有所忿怒，心就不能端正；有所恐惧，心就不能端正；有所偏好，心就不能端正；

有所忧虑，心就不能端正。被忿怒、恐惧、偏好、忧虑所困扰，导致神不守舍，心不在焉，看也看不明了，听也听不清了，吃着却不知食物的滋味。这说的是修身在于端正自心的道理。

    1·7 所谓齐其家在修其身者，人之其所亲爱而辟焉①，之其所贱恶而辟焉②，之其所畏敬而辟焉，之其所哀矜而辟焉③，之其所敖惰而辟焉④，故好而知其恶、恶而知其美者⑤，天下鲜矣⑥。故谚有之曰："人莫知其子之恶，莫知其苗之硕⑦。"此谓身不修不可以齐其家。

【注释】

①辟——通僻。下同。 ②恶——音物。 ③矜——音今。
④敖——通傲。 ⑤好——音浩。 恶——音饿。 恶——音物。
⑥鲜——音显。 ⑦硕——音朔。

【译解】

所谓齐其家在于修养自身，意思是说，一般不能修身的人，对于自己所亲爱的人，往往有过分亲爱的偏向；对于自己所轻贱厌恶的人，往往有过分轻贱厌恶的偏向；对于自己所畏服敬重的人，往往有过分畏服敬重的偏向；对于自己所哀怜矜恤的人，往往有过分哀怜矜恤的偏向；对于自己所傲视慢待的人，往往有过分傲视慢待的偏向。所以，喜欢某人同时又知道他的缺点，厌恶某人同时又知道他的优点，这种人天下就很少了。所以谚语有这样的说法："由于溺爱，人们不知道自己孩子的过错；由于贪得，人们不知道自家禾苗的壮硕。"这说的是自身不提高修养就不能治好自家的道理。

1·8　所谓治国必先齐其家者，其家不可教而能教人者，无之。故君子不出家而成教于国。孝者所以事君也，弟者所以事长也^①，慈者所以使众也。《康诰》曰："如保赤子。"心诚求之，虽不中不远矣^②。未有学养子而后嫁者也。一家仁，一国兴仁；一家让，一国兴让；一人贪戾^③，一国作乱。其机如此。此谓一言偾事^④，一人定国。尧舜率天下以仁而民从之，桀纣率天下以暴而民从之，其所令反其所好而民不从。是故君子有诸己而后求诸人，无诸己而后非诸人，所藏乎身不恕而能喻诸人者，未之有也。故治国在齐其家。《诗》云："桃之夭夭，其叶蓁蓁^⑤。之子于归，宜其家人。"宜其家人而后可以教国人。《诗》云："宜兄宜弟。"宜兄宜弟而后可以教国人。《诗》云："其仪不忒^⑥，正是四国。"其为父子兄弟足法，而后民法之也。此谓治国在齐其家。

【注释】

①弟——音替，通悌。　②中——音仲。　③戾——音立。④偾——音奋。　⑤蓁——音榛。　⑥忒——音特。

【译解】

所谓治理国家必定先要治好自己家庭，意思是说，连自己家里人都不能教育好而能教育好别人，这是没有的事。所以，在位的君子不出家门就能够完成对全国的教育。孝顺父母的感情，同样可以用来事奉国君的；敬重兄长的感情，同样可以用来事奉尊长的；慈爱子女的感情，同样可以用来对待民众的。《尚书·康诰》中说："爱人民如同保护婴儿。"心里如果真有这种博爱的追求，即使不能做得完全合格，那也差得不远了。爱心是天赋的，没有哪个女子先学养育婴儿、疼爱婴儿，而后才去嫁人的。国君一家人仁爱相亲，那么一国人就会受到感化，兴起仁爱的风气；国君一家人谦让相敬，那么一国人就会受到感化，兴起谦让的风气；国君一人贪婪暴戾，那么一国人就会受到影响，纷纷为非作乱：国君一人一家对国家治乱的关键作用就是这样。这就叫做一句话可以败坏大事，一个人可以安定国家。尧舜用仁政统率天下，于是人民就跟从他们学仁爱；桀纣用暴政统率天下，于是人民就跟从他们学残暴。国君所颁布的政令与他本人的爱好相反，人民就不肯依从了。所以，国君自己有了好的德行，然后才去要求别人；国君自己没有坏的习性，然后才去批评别人。藏在自身的思想根本没有这种推己及人的恕道，而能有效地晓喻别人，那是未曾有过的事。所以说，君主要治好国家，在于先治好自己的家庭。《诗经·周南·桃夭》篇中说："桃花娇艳艳，桃叶绿蓁蓁，此女嫁来了，适宜一家人。"适宜了一家人，然后才可以教育一国人。《诗经·小雅·蓼萧》篇中说："宜兄宜弟。"与兄弟合心友爱，然后才可以教育一国人。《诗经·曹风·鸤鸠》篇中说："他的仪容没有差错，能够教正这四方各国。"他作为父亲、作为儿子、作为兄弟都值得效法，然后人民才能效法他。这说的是治国在于先治其家的道理。

1·9　所谓平天下在治其国者，上老老而民兴孝，上长长而民兴弟①，上恤孤而民不倍②，是以君子有絜矩之道也③。所恶于上毋以使下④，所恶于下毋以事上，所恶于前毋以先后，所恶于后毋以从前，所恶于右毋以交于左，所恶于左毋以交于右，此之谓絜矩之道。《诗》云："乐只君子，民之父母。"民之所好好之⑤，民之所恶恶之⑥，此之谓民之父母。《诗》云："节彼南山，维石岩岩。赫赫师尹，民具尔瞻。"有国者不可以不慎，辟则为天下僇矣⑦。《诗》云："殷之未丧师⑧，克配上帝。仪监于殷，峻命不易。"道得众则得国，失众则失国。

【注释】

①弟——音替。　②倍——通背。　③絜——音斜。④恶——音物。下同。　⑤好好——皆音浩。　⑥恶恶——皆音物。　⑦辟——通僻。　僇——音鹿。　⑧丧——去声。

【译解】

所谓平定天下在于先治理好国家，意思是说，国君尊敬老人，从而国民就会兴起孝敬的风气；国君尊重年长的，从而国民就会兴起敬长的风气；国君怜恤孤儿，从而国民就会不背弃孤弱。是以君子有以身作则、推己及人之道。（按：絜是量围长的绳子，矩是画直角的尺子。首先絜矩本身就是标准，然后才能衡量、规范外物。絜矩之道喻指君子以身作则、推己及人之道。）凡是上面的人待我的态度为我所厌恶的，我就不用这种态度任使下面的人；凡是下面的人对我的态度为我所厌恶的，我就不用这种态度事奉上面的人。凡是前面的人待我的态度为我所厌恶的，我就不用这种态度对待后面的人；凡是后面的人待我的态度为我所厌恶的，我就不用这种态度对待前面的人。右面的人待我的态度为我所厌恶的，我就不用这种态度对待左面的人；左面的人待我的态度为我所厌恶的，我就不用这种态度对待右面的人。这就叫做"絜矩"之道。《诗经·小雅·南山有台》篇中说："快乐的君子，是人民的父母。"人民喜爱的他就喜爱，人民憎恶的他就憎恶，这样的国君才称得上是人民的父母。《诗经·小雅·节南山》篇中说："那座高峻的南山，山石巍峨巉岩。声名赫赫的太师尹氏，人民都在把你观看。"拥有国家大权的人，不可以不谨慎，邪僻失道就将被天下人民诛戮啦！《诗经·大雅·文王》篇说："殷商没失民心的时候，能够德配上帝。应该借鉴殷商的兴亡，获得天命实在不易。"说的是得到民众就能够得到国家，失掉民众就要失掉国家。

1·10　是故君子先慎乎德。有德此有人，有人此有土，有土此有财，有财此有用。德者本也，财者末也。外本内末，争民施夺。是故财聚则民散，财散则民聚。是故言悖而出者亦悖而入[①]，货悖而入者亦悖而出。《康诰》曰："惟命不于常。"道善则得之，不善则失之矣。《楚书》曰："楚国无以为宝，惟善以为宝。"舅犯曰："亡人无以为宝，仁亲以为宝。"

【注释】

①悖——音被。

【译解】

所以大人君子首先要在道德上谨慎从事。有了道德这才会有人民，有了人民这才会有土地，有了土地这才会有财富，有了财富这才会有用度。道德是根本，财富是末节。假若轻根本而重末节，那么争利的人民就要横施掠夺之术了。所以，国君聚敛财富，就将迫使人民离散；国君散发财富，就将激励人民聚集。所以，话悖逆情理地说出，也就有悖逆情理的话来回报；财富悖逆情理地敛入，也就要悖逆情理地散出。《尚书·康诰》篇中说："惟有天命是不常留驻的。"说的是国政良善就能得到天命，国政不善就要失掉天命。《楚书》上记载楚大夫王孙圉出使晋国，在宴会上回答晋国执政大臣赵简子时说："楚国没有物件可以当作宝贝的，只把善人当作宝贝。"晋公子重耳流亡到秦国，秦穆公劝他兴兵回国夺取大位，重耳的舅父狐子犯教他回答说："流亡在外的人，没有什么物件可以当作宝贝的，只把对父亲的热爱当作宝贝。"

1·11　《秦誓》曰："若有一介臣，断断兮，无他技；其心休休焉，其如有容焉。人之有技，若己有之；人之彦圣，其心好之①，不啻若自其口出②，寔能容之③。以能保我子孙黎民，尚亦有利哉！人之有技，媢嫉以恶之④；人之彦圣，而违之，俾不通⑤，寔不能容。以不能保我子孙黎民，亦曰殆哉⑥!"唯仁人放流之，迸诸四夷⑦，不与同中国。此谓唯仁人为能爱人，能恶人⑧。见贤而不能举，举而不能先，命也⑨。见不善而不能退，退而不能远，过也。好人之所恶，恶人之所好，是谓拂人之性⑩，菑必逮夫身⑪。是故君子有大道，必忠信以得之，骄泰以失之。

【注释】

①好——音浩。　②訾——音翅。　③寔——通实。④媚——音帽。　恶——音物。　⑤俾——音笔。　⑥殆——音代。　⑦迸——音丙，通摒。　⑧恶——音物。　⑨命——郑玄云："命读为慢，声之误也。"　⑩拂——音符。　⑪菑——同灾。　逮——音代。　夫——音扶。

【译解】

《尚书·秦誓》中说："假如有一个臣子，老老实实而没有其他技能，他的心胸宽广，大有容人之量。别人有技能，就好像他自己有技能一样；别人贤良明智，他由衷地喜爱人家，不仅仅像他口中说出的那样，他确实能够容人。任用他能保护我的子孙和黎民，也还是有利的呀！假如别人有技能，他就心生妒忌，厌恶人家；别人贤良明智，他就压制阻挠，使人家的功绩不能通达于君上，他确实是不能容人。任用他就不能保护我的子孙和黎民，也可说是危险哩！"只有仁德的国君才会把这种人流放，驱逐到四方蛮夷之地，不与他们同住在中原。这就叫做只有仁德的国君才真能爱护好人，才真能憎恨坏人。发现了贤人而不能举荐，或者

举荐了而不能提前任用，这就是怠慢了。发现了不善的人而不能
黜退，或者黜退了而不能把他驱逐到远方，这就是过错了。作为
国君竟喜爱人们所憎恶的，憎恶人们所喜爱的，这就叫做违背人
的本性，灾祸必将降临他的身上。君子当政临国自有正道，必然
是：忠信诚实就能得到它，骄恣放肆就要失掉它。

1・12　生财有大道。生之者众，食之者寡，为之者
疾，用之者舒，则财恒足矣。仁者以财发身，不仁者以
身发财。未有上好仁而下不好义者也①，未有好义其事不
终者也，未有府库财非其财者也。孟献子曰："畜马乘不
察于鸡豚②，伐冰之家不畜牛羊，百乘之家不畜聚敛之
臣，与其有聚敛之臣，宁有盗臣。"此谓国不以利为利，
以义为利也。长国家而务财用者③，必自小人矣。彼为善
之，小人之使为国家，菑害并至，虽有善者亦无如之何
矣。此谓国不以利为利，以义为利也。

【注释】

　　①好——音浩。下同。　　②乘——音胜。下同。　　豚——音
屯。　　③长——音掌。

【译解】

　　生产财富有重大原则。生产财物的人多，消费财物的人少，
创造财物的人生产迅速，使用财物的人消费舒缓，那么国家的财
物自然就能常常充足了。仁德的人利用财富来发扬自身的理想，
不仁的人却滥用自身的条件去拼命地发财。没有上面的君长爱好

仁德而下面的臣民不爱好道义的，没有臣民爱好道义而国事半途而废的，也没有臣民爱好道义而府库的财货竟不属于国家所有的。鲁国大夫孟献子说："具备马匹车辆的士大夫之家，就不该去计较喂鸡喂猪的小利；有资格伐冰备用的大夫之家，就不该饲养牛羊去牟利；拥有百辆兵车的有领地的卿大夫之家，就不该养活那聚敛民财的家臣。与其有这种聚敛民财的家臣，还不如有偷盗自家财物的小臣。"这就是说，国君治理国家不能以私利为利益，而应该以道义为利益。统管国家而致力于聚敛财富的国君，必定是来自小人的怂恿，而那国君认为他的主意好，使小人来治理国家，那么天灾人祸就会一起到来。到那时，即使有贤能的人接管，也无可奈何了。这就是说，治理国家不能以私利为利益，而应该以道义为利益。

中　庸*

共三十九章

2·1　天命之谓性，率性之谓道，修道之谓教。道也者，不可须臾离也①，可离非道也。是故君子戒慎乎其所不睹，恐惧乎其所不闻。莫见乎隐②，莫显乎微，故君子慎其独也。喜怒哀乐之未发谓之中，发而皆中节谓之和③。中也者，天下之大本也；和也者，天下之达道也。致中和，天地位焉，万物育焉。

【注释】

①臾——音余。　②见——现的本字。　③中节——此中音仲。

【译解】

天所给予人的秉赋叫做性，遵循天性而行叫做道，修明此道而加以推广叫做教。道是不可以片刻离开的，可以离开的那就不是道了。所以君子警戒谨慎于别人看不到的地方，小心畏惧于别人听不到的地方。没有比在隐暗的处所更容易表现的了，没有比在细微的事情上更容易显露的了。因此，君子特别谨慎个人独处的时候。人们喜怒哀乐的感情未曾发生叫做中，发露出来而都合宜叫做和。中是天下的根本，和是天下的通道。达到中和，天地就各正其位，万物就发育成长。

2·2 仲尼曰："君子中庸，小人反中庸。君子之中庸也，君子而时中；小人之中庸也，小人而无忌惮也①。"

【注释】

①惮——音旦。

【译解】

孔子说："君子的言行符合中庸之道，小人的言行违反中庸之道。君子之中庸，是因为君子的言行时时刻刻合宜适中；小人之反中庸，是因为小人的言行肆无忌惮。"

2·3 子曰："中庸其至矣乎！民鲜能久矣①。"

【注释】

①鲜——音显。

【译解】

孔子说："中庸的品德大概是至高无上的啦！极少有人能够做到，已经很久了。"

2·4 子曰："道之不行也，我知之矣：知者过之①，愚者不及也。道之不明也，我知之矣：贤者过之，不肖者不及也。人莫不饮食也，鲜能知味也。"子曰："道其不行矣夫！"

【注释】

①知——同智。

【译解】

孔子说："中庸之道之所以不能实行，我知道其中缘由了：聪明人的言行越过了中道，愚笨人的言行又达不到中道。中庸之道之所以不能昌明，我知道其中缘由了：有才德之人的认识越过了中道，无才德之人的认识又达不到中道。这犹如人们没有不吃不喝的，却很少有人能真正辨知滋味。"孔子说："中庸之道恐怕不能广泛推行了吧！"

2·5 子曰："舜其大知也与①！舜好问而好察迩言②，隐恶而扬善，执其两端，用其中于民，其斯以为舜乎！"

【注释】

①知——同智。 与——音余。 ②好——音浩。 迩——音耳。

【译解】

孔子说："舜大概算得上极其明智的人吧！舜喜好请问别人，并且爱好考察那些浅近语言，对别人能隐藏其过错而表扬其功善,他掌握了人们过与不及的两种极端,而对人民采用中庸之道。这就是舜之所以成为舜的原因吧!"

2·6 子曰:"人皆曰予知①,驱而纳诸罟擭陷阱之中②,而莫之知辟也③。人皆曰予知,择乎中庸,而不能期月守也④。"

【注释】

①知——同智。 ②罟——音古。 擭——音或。 阱——音井,同穽。 ③辟——通避。 ④期——音基,同朞。

【译解】

孔子说:"人们都说'我是明智的',可是被利欲驱使,像禽兽般地进入捕网、木笼、陷阱之中,而没有知道躲避的。人们都说'我是明智的',可是选择了中庸之道,连一个整月也不能够坚守。"

2·7 子曰:"回之为人也,择乎中庸,得一善,则拳拳服膺而弗失之矣①。"

【注释】

①膺——音英。

【译解】

孔子说:"颜回的为人,选择了中庸之道,每得一个好的道理、好的思想,就牢牢地记在心中,衷心信服,永不丢失了。"

2·8 子曰："天下国家可均也，爵禄可辞也，白刃可蹈也，中庸不可能也。"

【译解】

孔子说："天下国家是可以平治的，官爵俸禄是可以辞掉的，利刃是可以踩上去的，而中庸之道完全做到却不可能。"

2·9 子路问强，子曰："南方之强与？北方之强与？抑而强与？宽柔以教，不报无道，南方之强也，君子居之。衽金革①，死而不厌，北方之强也，而强者居之。故君子和而不流，强哉矫；中立而不倚，强哉矫；国有道不变塞焉②，强哉矫；国无道至死不变，强哉矫。"

【注释】

①衽——音任。　　②塞——音色。

【译解】

子路问怎样才称得上坚强。孔子说："你问的是南方人的坚强呢，北方人的坚强呢，还是你这样的坚强呢？用宽厚温和的态度去教导人们，不报复蛮横无理的行为，这是南方人的坚强，君子处于这种坚强。经常枕着刀枪、穿着盔甲睡觉，死而无悔，这是北方人的坚强，强悍人处于这种坚强。所以，君子能与人和睦相处而不同流合污，是坚强的矫矫者！君子确立中道而不偏不倚，是坚强的矫矫者！国家有道，君子不改变穷困时的操守，是坚强的矫矫者！国家无道，至死也不改变平生的气节，是坚强的矫矫者！"

2·10 子曰："素隐行怪①，后世有述焉，吾弗为之矣。君子遵道而行，半途而废，吾弗能已矣。君子依乎中庸，遁世不见知而不悔，唯圣者能之。"

【注释】

①素——朱熹云："素当作索，字之误也。"

【译解】

孔子说："寻求隐僻的道理，做些怪异的事情，即便后代有人称述，我绝不这样做的。君子遵循正道而行，往往半途而废，我绝不能中途停止的。君子依从中庸之道，即使避开人世而不被理解，也不懊悔，唯有圣人才能做得到。"

2·11 君子之道费而隐，夫妇之愚可以与知焉①；及其至也，虽圣人亦有所不知焉。夫妇之不肖，可以能行焉；及其至也，虽圣人亦有所不能焉。天地之大也，人犹有所憾。故君子语大②，天下莫能载焉；语小，天下莫能破焉。《诗》云："鸢飞戾天③，鱼跃于渊。"言其上下察也。君子之道，造端乎夫妇，及其至也，察乎天地。

【注释】

①与——音预。　②语——音预。　③鸢——音渊。戾——音立。

【译解】

君子的中庸之道，功用广大而本体细微。匹夫匹妇虽然愚昧，也可以知晓其中的浅近道理；涉及道理极其深奥之处，即使圣人也会有所不知。匹夫匹妇虽然没有德才，一般的道理也是能够实行的；涉及道理极其深奥之处，即使圣人也会有不能做到的地方。以天地之大，人们对之尚有遗憾，何况圣人也不是全知全能。所以，君子所信守的中庸之道，说它大，天下没有什么东西能够把它装载得了的；说它小，天下没有什么东西能够把它剖析得开的。《诗经·大雅·旱麓》篇说："鸢鹰飞上高天，鱼儿跃在深渊。"诗意喻示持守中庸之道的人能够上下明察。君子的中庸之道，开始于匹夫匹妇，浅显易懂，及至达到最深造诣，就能明察天地。

2·12　子曰："道不远人，人之为道而远人，不可以为道。《诗》云：'伐柯伐柯，其则不远。'执柯以伐柯，睨而视之^①，犹以为远。故君子以人治人，改而止。忠恕违道不远，施诸己而不愿，亦勿施于人。君子之道四，丘未能一焉。所求乎子，以事父未能也；所求乎臣，以事君未能也；所求乎弟，以事兄未能也；所求乎朋友，先施之未能也。庸德之行，庸言之谨，有所不足，不敢不勉，有余，不敢尽，言顾行，行顾言，君子胡不慥慥尔^②。"

【注释】

①睨——音腻。　　②慥——音造。

【译解】

孔子说："中庸之道并不是远离人们的，有人行道而使道远离人们，那就不可以谓之中庸之道了。《诗经·豳风·伐柯》篇说：'砍斧把啊砍斧把，那斧把的样式并不远。'手执斧把来砍斧把，斜下眼睛就看得见样子，还以为远。所以君子就用做人之道治理有过错的人们，直到他们改正为止。做到忠和恕，那就离中庸之道不远了，施加在自己身上而自己不愿意的事，自己也不施加给别人。君子之道有四条，我孔丘一条也未能做到。我要求做儿子的该当如何尽孝，可我自己未能完全这样地事奉我的父亲；我要求做臣子的该当如何尽忠，可我自己未能完全这样地事奉我的国君；我要求做弟弟的该当如何敬重兄长，可我自己未能完全这样地事奉我的哥哥；我要求朋友该当如何讲求信义，可我自己未能首先去这样对待朋友。平常道德方面的实践，平常言论方面的谨慎，做得有不足的地方，我不敢不勉力去弥补，做得有馀裕的地方，我不敢认为到了尽头。言语要顾及行动，行动要顾及言语，君子怎能不老老实实地言行一致呢！"

2·13　君子素其位而行，不愿乎其外。素富贵行乎富贵，素贫贱行乎贫贱，素夷狄行乎夷狄，素患难行乎患难，君子无入而不自得焉。在上位，不陵下；在下位，不援上。正己而不求于人，则无怨。上不怨天，下不尤人。故君子居易以俟命①，小人行险以徼幸②。子曰："射有似乎君子，失诸正鹄③，反求诸其身。"

【注释】

①俟——音似。　②徼——音绞。　③鹄——音古。

【译解】

君子守着自己现时所处的地位而行事，不羡慕行其地位以外的事。现时处在富贵的地位，就做富贵地位上该做的事；现时处在贫贱的地位上，就做贫贱地位上该做的事；现时处在夷狄的地位上，就做夷狄地位上该做的事；现时处在患难之中，就做患难中该做的事：君子没有进入某种处境而感到不自得的。君子身在上位，不欺凌压迫下面的人；身居下位，不攀援、巴结上面的人。端正自己而不乞求于人，那就无所怨恨了。上不怨恨天命，下不责怪别人。所以，君子居心平易来等待天命，小人进行冒险来妄求幸运。孔子说："射箭很有些类似君子端正自己的功夫，射不中靶子，要回过头来寻求自身技艺上的失误。"

2·14　君子之道，辟如行远必自迩①，辟如登高必自卑。《诗》曰："妻子好合，如鼓瑟琴。兄弟既翕②，和乐且耽③。宜尔室家，乐尔妻帑④。"子曰："父母其顺矣乎！"

【注释】

①辟——通譬。　　②翕——音西。　　③耽——音丹。④帑——音奴。同孥。

【译解】

实习君子之道，譬如远行，一定要从近处起步；譬如登高，一定要从低处开始。《诗经·小雅·棠棣》篇说："与妻子相好相合，如同鼓瑟弹琴。兄弟尽皆相聚，和乐而且情深。安排好你的家里，热爱着你的妻子儿女。"孔子说："这样，父母就顺心了吧！"

2·15 子曰："鬼神之为德其盛矣乎！视之而弗见，听之而弗闻，体物而不可遗，使天下之人齐明盛服以承祭祀①，洋洋乎如在其上，如在其左右。《诗》曰：'神之格思，不可度思②，矧可射思③。'夫微之显④，诚之不可揜如此夫⑤！"

【注释】

①齐——音摘。 ②度——音夺。 ③矧——音审。射——音亦，通斁。 ④夫——音扶。下同。 ⑤揜——通掩。

【译解】

孔子说："鬼神所发挥的功德，那真是盛大恢宏啊！虽然看他看不见，听也听不着，但他的功德体现在万物上却无所遗漏。使得天下的人们，岁时斋戒，整洁地穿上庄重礼服，来奉事祭祀，鬼神的形象恍恍惚惚地如同临在人们的上方，如同处在人们的左右。《诗经·大雅·抑》篇说：'神的降临，不可测度，怎能厌倦呢！'鬼神从情状隐微而至功德显著，其诚信是这样的不可掩蔽呀！"

2·16 子曰："舜其大孝也与！德为圣人，尊为天子，富有四海之内，宗庙飨之，子孙保之。故大德必得其位，必得其禄，必得其名，必得其寿。故天之生物，必因其材而笃焉，故栽者培之，倾者覆之。《诗》曰：

'嘉乐君子，宪宪令德。宜民宜人，受禄于天。保佑命之，自天申之。'故大德者必受命。"

【译解】

孔子说："舜真是大孝啊！讲德行他是圣人，讲尊贵他是天子，讲财富他据有整个天下，后世在宗庙祭享他，子子孙孙永保祭祀他。所以有大德的人，必定得到相应的地位，必定得到相应的利禄，必定得到相应的名声，必定得到相应的寿数。所以天生万物，必定依照各自材质而笃实对待，因而，来栽种的就帮他培养，要倾倒的就让他覆灭。《诗经·大雅·假乐》篇说：'快乐的君子，显著的美德。善处黎民善处官人，承受福禄于天神。保佑并授命给他，由上天郑重地交给他。'所以说，有大德的人必定能秉受天命。"

2·17　子曰："无忧者其惟文王乎！以王季为父，以武王为子，父作之，子述之。武王缵大王、王季、文王之绪①，壹戎衣而有天下②，身不失天下之显名，尊为天子，富有四海之内，宗庙飨之，子孙保之。武王末受命，周公成文武之德，追王大王、王季③，上祀先公以天子之礼。斯礼也，达乎诸侯、大夫及士、庶人。父为大夫，子为士，葬以大夫，祭以士；父为士，子为大夫，葬以士，祭以大夫。期之丧达乎大夫④，三年之丧达乎天子，父母之丧无贵贱，一也。"

【注释】

①缵——音纂。　大——通太。　②壹戎衣——即《尚书·康

谞》之"殪戎殷"。　壹——音益，通殪。　衣——郑玄云："衣读为殷，声之误也。"　③追王——王音旺。　大——通太。④期——音基，同朞。

【译解】

孔子说："没有忧愁的人，那只有周文王了吧！他有王季做父亲，有武王做儿子，父亲开创在前，儿子接续在后。武王继承太王、王季、文王的功业，灭掉了大殷而据有天下，武王本身没有失掉显赫天子的美名，说尊贵，做了天子，论财富，拥有四海之内的疆土，后世建宗庙祭享他，子子孙孙永保祭祀不绝。武王晚年才承受天命，及至周公，方始完成文王、武王的德业，追尊太王、王季为王，又用天子之礼上祭历代祖先，并将这种追祭礼节，通行到诸侯、大夫以及士人与平民。同时规定，如果父亲身为大夫，儿子身为士，父亲死后，应用大夫礼安葬，用士礼祭祀；如果父亲身为士，儿子身为大夫，父亲死后，就用士礼安葬，用大夫礼祭祀。服丧一周年的丧制，从平民、士通行到大夫为止，因为诸侯、天子不为旁亲服丧。服丧三年的丧制，从下一直通行到天子，因为为父母服丧，不论身份贵贱，服期都是一样的。"

2·18　子曰："武王、周公其达孝矣乎！夫孝者，善继人之志、善述人之事者也。春秋修其祖庙，陈其宗器，设其裳衣①，荐其时食。宗庙之礼，所以序昭穆也。序爵，所以辨贵贱也。序事，所以辨贤也。旅酬下为上，所以逮贱也。燕毛，所以序齿也。践其位，行其礼，奏其乐，敬其所尊，爱其所亲，事死如事生，事亡如事存，孝之至也。郊社之礼，所以事上帝也。宗庙之礼，所以祀乎其先也。明乎郊社之礼、禘尝①之义，治国其如示诸掌乎！"

【注释】

①尝——音常。

【译解】

孔子说："周武王和周公，大概是最孝的人了吧！这种孝，指的是善于继承先人的遗志，善于续成先人的事业。每逢春秋季节，整修祖庙，陈列祭器，摆设先人的衣裳，供奉时令食品。宗庙中的祭礼，是用以序列左昭右穆各个辈分的；序列爵位，是用以辨别身份贵贱的；安排祭中各种职事，是用以分别子孙才能的；祭后众人轮流酬酒，最卑幼者举杯于稍尊长于自己的，自己先饮一杯，然后酌酒劝饮，这样自下而上地递相劝酬，是将情意、恩惠施及地位卑下者的身上；祭毕的燕饮依照发色而定座次，是用以排列年龄大小的。站在一定的位置上，举行祭祀的礼节，奏起祭祀的音乐，敬那该敬的祖先，爱那该爱的近亲，事奉死者如同事奉他生时一样，事奉亡故的如同事奉他在世时一样，这就是孝敬的极致。祭祀天地的礼节，是用来事奉上帝的；宗庙中的礼节，是用来祭祀自己祖先的。明白了祭天祭地的礼节，懂得了四时进行的禴、禘、尝、烝诸祭的意义，那么，治理国家就如同观看掌中事物一样的清楚简易了。"

2·19　哀公问政。子曰："文武之政，布在方策，其人存则其政举，其人亡则其政息。人道敏政，地道敏树。夫政也者，蒲卢也。故为政在人，取人以身，修身以道，修道以仁。仁者，人也，亲亲为大；义者，宜也，尊贤为大。亲亲之杀①，尊贤之等，礼所生也。在下位不获乎上，民不可得而治矣②。故君子不可以不修身，思修身不可以不事亲，思事亲不可以不知人，思知人不可以不知天。天下之达道五，所以行之者三。曰君臣也，父子也，夫妇也，昆弟也，朋友之交也，五者天下之达道也。知、仁、勇三者③，天下之达德也，所以行之者一也。或生而知之，或学而知之，或困而知之，及其知之，一也。或安而行之，或利而行之，或勉强而行之④，及其成功，一也。"

【注释】

①杀——音晒。　②在下位不获乎上，民不可得而治矣——此十四字本篇后文亦见，郑玄云："误重在此。"　③知——同智。④强——音抢。

【译解】

鲁哀公向孔子询问政治。孔子说："周文王、周武王的政法，刊布在木板、竹简之上了。这样的贤人在世，那政法就能实行；这样的贤人亡故，那政法也就停息了。人的性能可以勉力推行政法，地的性能可以勉力生殖草木。这国政犹如蒲苇一般，蒲苇得了地力就能成长，国政得了人才就有成效。所以治理国政在于得人。国君要取得贤人，必须以身作则；要修养自身，必须以道德为准则；要修养道德，必须以仁义为根本。所谓仁，就是爱人的意思，

亲爱双亲是为大仁。所谓义，就是合宜的意思，尊重贤人是为大
义。对亲属们的亲情，因远近有异而有亲疏的差别，对贤人们的尊
重，因尊卑不同而有大小的等次，反映这种亲疏尊卑关系的礼就从
而产生了。所以君子不可以不修身。想要修身，不可以不事奉双
亲；想敬事双亲，不可以不知晓人道；想要知晓人道，不可以不知
晓天理。天下共通的人道有五条，用来履行这五条人道的品德有三
种。君臣之道，父子之道，夫妇之道，兄弟之道，朋友交往之道，
这五条就是天下共通的人道。智、仁、勇，这三种是天下共通的品
德，用以履行五条人道，三者是一致的。对于五道三德的道理，有
的人生来就知晓，有的人学习了才知晓，有的人经历了困苦才知
晓，及至他们都知晓了，却是一样的了。对于五道三德的实践，有
的人心安理得地去做，有的人为了名利才去做，有的人勉勉强强地
去做，及至他们都成功的时候，却是一样的了。"

2·20　子曰：好学近乎知①，力行近乎仁，知耻
近乎勇。知斯三者，则知所以修身；知所以修身，则知
所以治人；知所以治人，则知所以治天下国家矣。凡为
天下国家有九经：曰修身也，尊贤也，亲亲也，敬大臣
也，体群臣也，子庶民也，来百工也，柔远人也，怀诸
侯也。修身则道立，尊贤则不惑，亲亲则诸父昆弟不
怨，敬大臣则不眩②，体群臣则士之报礼重，子庶民则
百姓劝，来百工则财用足，柔远人则四方归之，怀诸侯
则天下畏之。

【注释】

①好——音浩。 知——同智。 ②眩——音绚。

【译解】

孔子说：爱好学习就接近智了，努力行善就接近仁了，知道羞耻就接近勇了。知道这三项的人，就知道怎样修身了；知道怎样修身，就知道怎样治理别人了；知道怎样治理别人，就知道怎样治理天下国家了。总的说来，治理天下国家有九条纲要，就是：修养自身，尊重贤人，亲爱亲人，尊敬大臣，体恤群臣，爱护平民，招致各种工匠，优待远方之人，安抚各路诸侯。修养自身，那么道德就能确立；尊重贤人，那么遇事就不会迷惑；亲爱亲人，那么伯叔、兄弟就会无怨；尊敬大臣，那么做事就不会紊乱；体恤群臣，那么士臣们答报的礼数就会厚重；爱护平民，那么百姓就会互相劝勉奉事君上；招致各种工匠，那么财用就会充足；优待远方之人，四方之人就会闻风归顺；安抚各路诸侯，那么天下的人就会敬畏。

2·21 齐明盛服①，非礼不动，所以修身也。去谗远色，贱货而贵德，所以劝贤也。尊其位，重其禄，同其好恶②，所以劝亲亲也。官盛任使，所以劝大臣也。忠信重禄，所以劝士也。时使薄敛，所以劝百姓也。日省月试③，既廪称事④，所以劝百工也。送往迎来，嘉善而矜不能⑤，所以柔远人也。继绝世，举废国，治乱持危，朝聘以时，厚往而薄来，所以怀诸侯也。

【注释】

①齐——音摘。　②好——音浩。　恶——音物。　③省——音醒。　④廪——音凛。　⑤矜——音今。

【译解】

整洁的身着盛装，不合礼法的不去妄动，这是用以修身的；摒去谗言，远离女色，轻财货而重道德，这是用以劝勉贤能的；提高亲人们的爵位，加厚他们的俸禄，统一他们的好恶观念，这是用以劝勉他们亲爱亲人的；属官盛多，足供任使，这是用以奖劝大臣的；对忠信者，加厚俸禄，这是用以奖劝士人的；徭役不违农时，薄收赋税，这是用以奖劝百姓的；每天省察，每月测试，使其所得粮米称其功效，这是用以奖劝各种工匠的；派人送往迎来，嘉奖良善而怜恤无能，这是用以优待远方来人的；延续绝嗣的诸侯，兴举废亡的小国，为之平治内乱，扶持危弱，让诸侯按时来朝见聘问，诸侯回国时，天子赐与的财物要丰厚，诸侯前来时，贡献的礼物要薄收，这是用以安抚诸侯的。

2·22　凡为天下国家有九经，所以行之者一也。凡事豫则立，不豫则废。言前定则不跲①，事前定则不困，行前定则不疚②，道前定则不穷。

【注释】

①跲——音夹。　②疚——音救。

【译解】

大凡治理天下国家有九条纲要，而用以实行这九条纲要的方法却只有一个。凡做大事，预先有了准备就能立住，预先没有准备就将废止。讲话须先有定准，到时就不会语言涩滞；做事须先有定准，到时就不会困窘；行动须先有定准，到时就不会出毛病；做人之道须先有定准，到时就不会路尽途穷。

2·23　在下位不获乎上，民不可得而治矣。获乎上有道，不信乎朋友，不获乎上矣。信乎朋友有道，不顺乎亲，不信乎朋友矣。顺乎亲有道，反诸身不诚，不顺乎亲矣。诚身有道，不明乎善，不诚乎身矣。

【译解】

处在下位的人，如果不能获得上面的信任，那就不可能治理好人民了。获得上面的信任有一定的途径，不能取信于朋友，那就不能获得上面的信任了。取信于朋友有一定的途径，不能让父母顺心，那就不能取信于朋友了。让父母顺心有一定的途径，反省自身不能至诚，那就不能让父母顺心了。诚实自身有一定的途径，不明白什么是善，那就不能诚实自身了。

2·24　诚者，天之道也。诚之者，人之道也。诚者，不勉而中①，不思而得，从容中道，圣人也。诚之者，择善而固执之者也。博学之，审问之，慎思之，明辨之，笃行之。有弗学，学之弗能弗措也；有弗问，问之弗知弗措也；有弗思，思之弗得弗措也；有弗辨，辨之弗明弗措也；有弗行，行之弗笃弗措也。人一能之，己百之；人十能之，己千之。果能此道矣，虽愚必明，虽柔必强。

【注释】

①中——音仲。

【译解】

诚，是天赋的道理；学习诚，是做人的道理。天生至诚的人，不用勉强而处事就能合理，不加思索而言行就能得当，从从容容的就能符合中庸之道，这是圣人啊！至于一般学习诚的人，就是择取善事善理而牢牢掌握的人。这种人就要广博地学习，详细地探究，谨慎地思考，明晰地分辨，笃实地履行。有的知识不学则已，学了，学不成就不放下；有的问题不问则已，问了，不理解就不放下；有的事情不思索则已，思索了，没有所得就不放下；有的疑点不分辨则已，分辨了，不明白就不放下；有的工作不做则已，做了，不切实就不放下。别人一次能做到的，我要做它一百次；别人十次能做到的，我要做它一千次。如果能照这个路数做去，那么，即使是愚昧的人也一定会变得聪明，即使是柔弱的人也一定会变得刚强。

2·25　自诚明谓之性，自明诚谓之教。诚则明矣，明则诚矣。

【译解】

基于天赋诚实从而明达事理，这称作本性；由于明达事理从而导致诚实，这称作教化。秉性诚实就能明达事理，而明达事理也能导致诚实。

2·26　唯天下至诚为能尽其性，能尽其性则能尽人之性，能尽人之性则能尽物之性，能尽物之性则可以赞天地之化育，可以赞天地之化育则可以与天地参矣①。

【注释】

①参——同三。

【译解】

唯有天下至诚的人，才能充分发挥自我的本性；能够充分发挥自己的本性，就能够充分发挥人类的本性；能够充分发挥人类的本性，就能够充分发挥万物的本性；能够充分发挥万物的本性，就可以赞助天地化育万物；能够赞助天地化育万物，就可以与天地并立为三了。

2·27　其次致曲。曲能有诚，诚则形，形则著，著则明，明则动，动则变，变则化，唯天下至诚为能化。

【译解】

那些次于圣人的贤人，能够推致局部事理。推致局部事理也能获有诚心，有了诚心就会有所体现，有所体现就会日益显著，日益显著就会更加昭明，昭明彰著就能感动人心，感动人心就能使人转变，使人们转变就能完成教化，唯有天下至诚的人才能完成教化。

2·28　至诚之道，可以前知。国家将兴，必有祯祥①；国家将亡，必有妖孽②。见乎蓍龟③，动乎四体。祸福将至，善必先知之，不善必先知之。故至诚如神。

【注释】

①祯——音贞。　　②孽——音聂。　　③见——现的本字。
著——音师。

【译解】

掌握至诚之道，就可以预知未来。国家将要盛兴，必定先有
吉兆；国家将要灭亡，必定先有妖异。这些预兆，表现在卜筮时
的蓍草、龟甲之上，活动于人们的四肢举止之中。祸福将要到
来，好的一定能预先知晓，不好的也一定预先知晓。所以说，掌
握至诚的人就如同神明一样。

2·29　诚者自成也，而道自道也。诚者物之终始，
不诚无物，是故君子诚之为贵。诚者非自成己而已也，
所以成物也。成己，仁也；成物，知也①。性之德也，合
外内之道也，故时措之宜也。

【注释】

①知——同智。

【译解】

诚是自我完成的，而道是自己履行的。诚的精神通贯万物的
始终，不诚就没有事物了，所以君子最珍视诚。至诚的人不仅自
我完成而已，还要用以成就外物。成就自己属于仁，成就外物属
于智。仁和智都是本性固有的品德，成己成物是内外结合的方
式，所以随时应用都能适宜。

2·30　故至诚无息。不息则久，久则征[①]，征则悠远，悠远则博厚，博厚则高明。博厚所以载物也，高明所以覆物也，悠久所以成物也。博厚配地，高明配天，悠久无疆。如此者，不见而章，不动而变，无为而成。

【注释】

①征——郑玄云："征或为彻。"下同。

【译解】

所以至诚没有停息的时候。不停息就能持久，持久就能验证，能验证就能悠长久远，悠长久远就能广博深厚，广博深厚就能高大光明。广博深厚能以承载万物，高大光明能以覆盖万物，悠长久远能以成就万物。广博深厚可以与地相配，高大光明可以与天相配，悠长久远犹如时间的无尽无穷。这样的至诚，不须表现而自然彰明，不须行动而自然变化，无所作为而自然成功。

2·31　天地之道可壹言而尽也。其为物不贰，则其生物不测。天地之道，博也，厚也，高也，明也，悠也，久也。今夫天，斯昭昭之多，及其无穷也，日月星辰系焉，万物覆焉。今夫地，一撮土之多[①]，及其广厚，载华岳而不重[②]，振河海而不泄，万物载焉。今夫山，一卷石之多[③]，及其广大，草木生之，禽兽居之，宝藏兴焉[④]。今夫水，一勺之多，及其不测，鼋鼍蛟龙鱼鳖生焉[⑤]，货财殖焉。《诗》曰"惟天之命，於穆不已"[⑥]，盖曰天之所以为天也。"於乎不显，文王之德之纯"，盖曰文王之所以为文也，纯亦不已。

【注释】

①撮——音搓。　②华——音化。　岳——音月。
③卷——音全，通拳。　④藏——音葬。　⑤鼋——音元。
鼍——音驼。　鲛——音交，通蛟。　⑥於——音乌。下同。

【译解】

天地的道理可以用一句话概括尽了，天地作为事物来讲是诚
一不贰的，那么其化生万物的奥秘就深不可测了。天地的道理，
广博、深厚、高大、光明、悠长、久远。现在讲这天空，说小，
就这么一块昭明的所在，而论及它的无穷，上面悬挂着日月星
辰，下面覆盖着神州万物。现在讲这大地，说小，就这么一把土
的大小，论及它的广阔和深厚，承载华山而不觉沉重，容纳黄
河、大海而不会泄漏，上面承载着万物。现在讲这山，说小，就
这么拳头般大小的石头，论及它的高大，草木在山上生长，禽兽
在山中居住，宝藏从山内开发。现在讲这水，说小，就这么小小
的一勺，论及它的深广不测，生养着鼋鼍鲛龙鱼鳖，生殖着种种
财富。《诗经·周颂·惟天之命》篇开始就说："只有上天的道理，
庄严肃穆地运转不已。"这是说天之所以成为天的道理。此诗接着
说："啊！这岂不显明，文王道德的精纯。"这是说周文王之所以
名为文王的道理，他的纯德也像天一样地运行不已。

2·32　大哉圣人之道，洋洋乎发育万物，峻极于
天，优优大哉！礼仪三百，威仪三千，待其人然后行，

故曰"苟不至德，至道不凝焉"。故君子尊德性而道问学，致广大而尽精微，极高明而道中庸，温故而知新，敦厚以崇礼。是故居上不骄，为下不倍^①，国有道其言足以兴，国无道其默足以容。《诗》曰"既明且哲，以保其身"，其此之谓与！

【注释】

①倍——通背。

【译解】

伟大呀圣人之道，洋洋洒洒地发育万物，它高峻达天，充裕宽和伟大呀！大的礼仪约有三百，细的仪节约有三千，等待那有德之人出来然后才能施行。所以说，假如不是具备最高德行的人，那最伟大的道理就不会凝聚形成。因此君子一定要尊重德性而从事学问，致力于广博而又尽心于精微，达到高明境界而又遵循中庸之道，温习已知而又增进新知，敦实笃厚用以崇尚礼义。所以君子身居上位而不骄傲，身为臣下而不悖逆，国家有道时，他的言论足以振兴社会，国家无道时，他的沉默足以避祸容身。《诗经·大雅·烝民》篇中说："既聪明又有见识，可以保全自身。"大概说的就是这个意思吧！

2·33 子曰："愚而好自用，贱而好自专，生乎今之世，反古之道，如此者，栽及其身者也^①。"非天子不议礼，不制度，不考文。今天下车同轨，书同文，行同伦，虽有其位，苟无其德，不敢作礼乐焉。虽有其德，苟无其位，亦不敢作礼乐焉。

【注释】

①菑——同灾。

【译解】

孔子说："愚昧而好刚愎自用，卑贱而好独断专行，生于现在的时代，偏要返回古代的治国路线，像这样的人，灾祸就要降到他的身上了。"不是天子就不该议定礼仪，不得创制法度，不得考定字体。即便如今天下一统，车辙的距离相同，书写的文字相同，行为的伦理观念相同，虽然身有天子之位，如果没有圣人之德，仍然是不敢制礼作乐的；虽然有圣人之德，如果没有天子之位，也同样是不敢制礼作乐的。

2·34　子曰："吾说夏礼，杞不足征也①。吾学殷礼，有宋存焉。吾学周礼，今用之，吾从周。"

【注释】

①杞——音起。

【译解】

孔子说："我述说夏代的礼法，可是作为夏朝后裔的杞国，却不足以验证；我学习殷朝的礼法，如今还有殷朝后裔宋国存在；我学习周朝的礼法，今天我们鲁国还在使用，所以我遵从周礼。"

2·35　王天下有三重焉①，其寡过矣乎！上焉者虽善无征，无征不信，不信民弗从；下焉者虽善不尊，不尊不信，不信民弗从。故君子之道，本诸身，征诸庶民，考诸三王而不缪②，建诸天地而不悖③，质诸鬼神而无疑，百世以俟圣人而不惑。质诸鬼神而无疑，知天也。百世以俟圣人而不惑，知人也。是故君子动而世为天下道，行而世为天下法，言而世为天下则，远之则有望，近之则不厌。《诗》曰："在彼无恶，在此无射④。庶几夙夜⑤，以永终誉。"君子未有不如此而蚤有誉于天下者也⑥。

【注释】

①重——音众。　②缪——通谬。　③悖——音被。
④射——音亦，通斁。　⑤夙——音素。　⑥蚤——通早。

【译解】

君临天下有议定礼法、创立制度、考定字体三件重大事情，如果做得好，那就很少过错了吧！身在上位的人，三事所做虽好，但没有征验，而没有征验就不能取信，不能取信，那人民就不肯遵从了。身在下位的人，三事所做虽好，但自己地位不尊，而地位不尊也就不能取信，不能取信，那人民也就不肯遵从了。所以君王创立礼法制度的途径，要根据于本身，征验于庶民，查考夏、商、周三代的制作而没有谬误，建立于天地之间而不悖逆自然，质正于鬼神而心无疑虑，等候百世后之圣人的审议而心不惶惑。之所以质正于鬼神而心无疑虑，这是由于自己通晓天理；之所以等候百世后之圣人的审议而心不惶惑，这是由于自己通晓人情。因此之故，君王的举动能够世世代代地作为天下的常规，君王的行为能够世世代代地作为天下的法度，君王的语言能够世世代代地作为天下的准则。离君王远的人常有仰望之情，离君王近的人永无厌倦之意。《诗经·周颂·振鹭》篇中说："在那边没人怨恨，在这里没人厌恶。希望早起晚睡，借以永保荣誉。"身居上位的君子从没有不这样做而能早有名誉于天下的。

2·36 仲尼祖述尧舜，宪章文武，上律天时，下袭水土。辟如天地之无不持载①，无不覆帱②；辟如四时之错行，如日月之代明。万物并育而不相害，道并行而不相悖，小德川流，大德敦化，此天地之所以为大也。

【注释】

①辟——通譬。　　②帱——音道。

【译解】

孔子远承并称述唐尧、虞舜的传统，近效并彰明文王、武王的法度，上顺天时变化规律，下依水土沿袭所宜。圣人之德好比天地那样，无不维持承载，无不覆盖遮护；好比四季的交替运行，犹如日月的更迭照耀。万物共同发育而不互相妨害，事理一并施行而不互相违背；小德像河水长流，不息不止，大德总敦实化育，无尽无穷：这便是天地之所以伟大的缘故。

2·37 唯天下至圣，为能聪明叡知足以有临也①，宽裕温柔足以有容也，发强刚毅足以有执也，齐庄中正足以有敬也②，文理密察足以有别也。溥博渊泉而时出之③，溥博如天，渊泉如渊。见而民莫不敬，言而民莫不

信，行而民莫不说④。是以声名洋溢乎中国，施及蛮
貊⑤，舟车所至，人力所通，天之所覆，地之所载，日月
所照，霜露所队⑥，凡有血气者莫不尊亲，故曰配天。

【注释】

①叡——音瑞，同睿。 知——同智。 ②齐——音摘。
③溥——音普。 ④说——通悦。 ⑤貊——音末。 ⑥队——
同坠。

【译解】

唯有天下最圣明的人，才能做到聪明智慧，足以监临下民；
宽裕温柔，足以包容天下；精神奋发，刚强坚毅，足以操持决断
国政；仪态端庄，秉心中正，足以敬业敬贤；文字条理缜密明
察，足以辨别是非曲直。圣人之德广博深沉，而随时出现于外，
广博得如同天空，深沉得如同潭水。每当有所表现，人民没有不
崇敬的；说话，人民没有不信服的；行事，人民没有不欣悦的。
因此，他的声名洋溢于中国，传播到南蛮北狄。凡是车船能到的
地方，人力能通的地方，天所覆盖的地方，地所承载的地方，日
月所照临的地方，霜露所降落的地方，凡是有血气的人，没有不
尊崇他、不爱戴他的。所以说，圣人之德可以与天相配。

2·38 唯天下至诚为能经纶天下之大经，立天下
之大本，知天地之化育。夫焉有所倚？肫肫其仁①，渊
渊其渊，浩浩其天。苟不固聪明圣知达天德者②，其孰
能知之？

【注释】

①肫——音纯。　②知——同智。

【译解】

唯有天下最诚的人，才能经理天下的大纲，确立天下的大本，知晓天地的化育之功，这样怎能有什么偏颇呢？他的仁心是那么恳挚真诚，他的思想像潭水般的深沉，他的胸襟像蓝天般的浩瀚。假如不是确实聪明圣智通达天德的人，谁又能够真正理解他呢？

2·39　《诗》曰"衣锦尚绢"①，恶其文之著也②。故君子之道阐然而日章③，小人之道的然而日亡。君子之道，淡而不厌，简而文，温而理，知远之近，知风之自，知微之显，可与入德矣。《诗》云："潜虽伏矣，亦孔之昭。"故君子内省不疚④，无恶于志。君子所不可及者，其唯人之所不见乎！《诗》云："相在尔室，尚不愧于屋漏。"故君子不动而敬，不言而信。《诗》曰："奏假无言⑤，时靡有争。"是故君子不赏而民劝，不怒而民威于钺钺⑥。《诗》曰："不显惟德，百辟其刑之⑦。"是故君子笃恭而天下平。《诗》云："予怀明德，不大声以色。"子曰："声色之于以化民，末也。"《诗》曰"德辖如毛"⑧，毛犹有伦；"上天之载，无声无臭"⑨，至矣。

【注释】

①衣——音益。　绢——音迥。　②恶——音物。　③阐——音暗。　④省——音醒。　⑤假——音阁，通格。　⑥钺——

音府。　　铖——音月。　　⑦辟——音必。　　⑧輶——音尤。
⑨臭——音秀。

【译解】

《诗经·卫风·硕人》篇说："身穿锦服，尚罩单衣。"这是厌恶锦服的文彩过于显著。所以，君子之道表面暗淡，而日益彰明；小人之道表面漂亮，而日渐消亡。君子之道，清淡而令人不厌，简朴而有文彩，温和而有理致，知道远是从近开始的，知道风气来自何处，知道隐微会趋向明显，这样，可以进入盛德的境界。《诗经·小雅·正月》篇说："虽然深入水底潜伏，但也被看得清清楚楚。"所以，君子反省自己没有内疚，也就无愧于心了。君子之所以使人赶不上的，大概就在这种别人看不见的地方吧！《诗经·大雅·抑》篇说："看你独处室中的时刻，尚且无愧于西北角落。"所以，君子未曾举动就得到人们的崇敬，未曾发言就得到人们的信任。《诗经·商颂·烈祖》篇说："进迎神至无言无声，此刻大家没有喧争。"所以，君子不须行赏而人民就相互劝勉，不必发怒而人民畏惧甚于斧铖的刑罚。《诗经·周颂·烈文》篇说："大大显扬天子之德，诸侯都要以之为楷模。"所以，君子笃实恭敬就能天下太平。《诗经·大雅·皇矣》篇说："我怀念文王的美德，他从不厉声厉色。"孔子说："将厉声厉色用于教化人民，那是末节下策。"《诗经·大雅·烝民》篇说"道德轻如毛发"，然而毛发毕竟是具体的物类，不足以形容玄妙的大德；《诗经·大雅·文王》篇说："上天的化生万物，无声无嗅。"这才是对大德的最确切的描述。

儒　行*

共二十章

3·1　鲁哀公问于孔子曰："夫子之服其儒服与①?"孔子对曰："丘少居鲁②，衣逢掖之衣③；长居宋，冠章甫之冠④。丘闻之也，君子之学也博，其服也乡。丘不知儒服。"

【注释】

①与——音余。　②少——音绍。　③衣逢掖之衣——前"衣"音益。　掖——音夜，通腋。　④冠章甫之冠——前"冠"音贯。

【译解】

鲁哀公问孔子说："先生穿的衣服是儒者的服装吧?"孔子对答说："丘小时候居住在鲁国，穿着大袖子的衣服，长大以后居住在宋国，戴着章甫冠。丘听说，君子的学问要广博，穿衣服要入乡随俗。丘不知道什么是儒服。"

---

* 本篇为《礼记》第四十一篇。

3·2　哀公曰："敢问儒行①。"孔子对曰："遽数之不能终其物②，悉数之乃留，更仆未可终也③。"

【注释】

①行——音杏。　②遽——音巨。　数——音属。下同。
③更——音耕。

【译解】

鲁哀公说："请问儒者的品行。"孔子对答说："仓猝匆忙地数说，不能讲尽这方面的事情；如果全部详细数说，就要久留，以至仆人疲倦需要换班侍候，那也讲述不完。"

3·3　哀公命席，孔子侍，曰：

儒有席上之珍以待聘，夙夜强学以待问①，怀忠信以待举，力行以待取。其自立有如此者。

【注释】

①夙——音素。　强——音抢。

【译解】

鲁哀公命人铺设席位，孔子陪侍，说：

儒者有似席上的宝玉，来等待诸侯行聘礼时采用；早晚努力学习，来等待别人询问；心怀忠信，来等待举荐；尽力而行，来等待录取。儒者的自立精神就是这样的。

3·4　儒有衣冠中，动作慎；其大让如慢，小让如伪；大则如威，小则如愧；其难进而易退也，粥粥若无能也^①。其容貌有如此者。

【注释】

①粥——音育。

【译解】

儒者的衣冠适中，动作谨慎，临大利而辞让有如傲慢，临小利而谦让有如虚伪；做大事审慎，如同有所畏惧，做小事恭谨，如同心怀惭愧；他们难于躁进而易于谦退，柔弱谦卑的样子好像是无能。儒者的容貌就是这样的。

3·5　儒有居处齐难^①，其坐起恭敬；言必先信，行必中正；道涂不争险易之利^②，冬夏不争阴阳之和；爱其死以有待也，养其身以有为也^③。其备豫有如此者。

【注释】

①处——音杵。　齐——音摘。　难——去声。　②涂——通途。　③为——音魏。

【译解】

儒者日常起居庄重小心，他们坐下站起都很恭敬，讲话必以信用为先，行为必定中正不偏；在道路上不与人争难走易走的便宜，冬天夏天不与人争暖和凉快的舒适；爱惜生命为了有所等待，保养身体为了有所作为。儒者从政前修养方面的准备就是这样的。

3·6　儒有不宝金玉，而忠信以为宝；不祈土地，立义以为土地；不祈多积，多文以为富；难得而易禄也，易禄而难畜也。非时不见①，不以难得乎？非义不合，不亦难畜乎？先劳而后禄，不亦易禄乎？其近人有如此者。

【注释】

①见——现的本字。

【译解】

儒者不把金玉当宝贝，而把忠信当宝贝；不祈望土地，而把建立道义当作土地；不祈望多积财富，而把多学得文化知识当作财富；儒者为人公直，难于得到，得到了，因儒者不争物质待遇，所以容易授予俸禄，虽然容易授他俸禄，但儒者坚持原则，所以难于畜养。不到适当的时候儒者不出现，岂不是很难得到吗？不是正义的事儒者就不合作，岂不是难以畜养吗？先效劳而后受禄，岂不是很容易给俸禄吗？儒者的待人接物就是这样的。

3·7　儒有委之以货财，淹之以乐好①，见利不亏其义；劫之以众，沮之以兵②，见死不更其守③；鸷虫攫搏④，不程勇者⑤；引重鼎，不程其力；往者不悔，来者不豫；过言不再，流言不极；不断其威，不习其谋。其特立有如此者。

【注释】

①乐——音要。　好——音浩。　②沮——音举。　③更——音耕。　④鸷——音至。　攫——音决。　⑤不程勇者——王念孙云："当作'不程其勇'，与'不程其力'对文。"

【译解】

对儒者，把钱财货物付与他，用玩乐嗜好沉溺他，儒者不会见利而害义；利用众人来胁迫他，使用兵器来恐吓他，儒者不会面对死亡而改变操守；遭到鸷鸟猛兽攻击，挺身与之搏斗，不度量自己的武勇成不成；牵引重鼎，尽力而为，不度量个人的体力够不够；过去的机遇不追悔，到来的机遇不欢欣；说错的话不会再说，听到流言，不屑于刨根问底；不断地保持自己的威重，不研习什么权术谋略。儒者立身独特就是这样的。

3·8　儒有可亲而不可劫也，可近而不可迫也，可杀而不可辱也。其居处不淫，其饮食不溽^①，其过失可微辨而不可面数也^②。其刚毅有如此者。

【注释】

①溽——音入。　　②数——音属。

【译解】

儒者可以亲近而不可以劫持，可以接近而不可以强迫，可以杀掉而不可以侮辱；他们的居处不奢淫，他们的饮食不丰厚，他们的过失可以委婉地辨析而不可以当面数落。儒者的刚强坚毅就是这样的。

3·9　儒有忠信以为甲胄，礼义以为干橹^①；戴仁而行，抱义而处^②；虽有暴政，不更其所^③。其自立有如此者。

【注释】

①櫓——音鲁。　②处——音杵。　③更——音耕。

【译解】

儒者用忠信作为盔甲，用礼义作为盾牌，头戴着仁而行动，怀抱着义而居处，即使国有暴政，也不变更自己所守。儒者的自立就是这样的。

3·10　儒有一亩之宫，环堵之室，筚门圭窬①，蓬户瓮牖②；易衣而出，并日而食；上答之不敢以疑，上不答不敢以诌③。其仕有如此者。

【注释】

①筚——音毕。　窬——音俞。　②蓬——音朋。　瓮——翁的去声。　牖——音友。　③诌——音产。

【译解】

儒者有一亩地的宅院，住着周围一丈见方的房间，竹子编的院门，又在院墙上挖出上尖下方其形如圭的小旁门，用蓬草编的房户，用破瓮为边框做的圆窗，全家共有一件完整外衣，谁出门就换上，两天吃一天的粮食；君上答应采纳自己的建议，就不敢产生疑虑，君上不答应自己的建议，就不敢诌媚求进。儒者做官入仕清廉奉公的精神就是这样的。

3·11　儒有今人与居，古人与稽①；今世行之，后世以为楷；适弗逢世，上弗援，下弗推，谗谄之民有比党而危之者^②；身可危也，而志不可夺也；虽危起居，竟信其志^③，犹将不忘百姓之病也。其忧思有如此者。

【注释】

①稽——音基。　②谗——音蝉。　比——音必。　③信——音深，通伸。

【译解】

儒者与今人一起居住，而与古人的意趣相合；儒者今世的行为，可以作为后世的楷模；碰巧没遇到盛世，上边没人援引，下边没人推荐，进谗言、献谄媚的人又有结党而要危害他的；身体是可以危害的，而志向是不可以剥夺的；即使危及他的生活起居，最终他还要伸展自己的志向，仍将念念不忘老百姓的痛苦。儒者的忧虑思念就是这样的。

3·12　儒有博学而不穷，笃行而不倦^①，幽居而不淫，上通而不困；礼之以和为贵，忠信之美，优游之法；慕贤而容众，毁方而瓦合。其宽裕有如此者。

【注释】

①行——音杏。

【译解】

儒者广博学习而无休止，专意实行而不厌倦；隐居独处的时候而不淫邪放纵，通达于上的时候而不失态困窘；遵循礼的以和为贵的原则，本着忠信的美德，应用优柔的方式方法；仰慕贤能而包容群众，有时可以削损自己方正的棱角而依随众人，有如房瓦之叠合。儒者的宽容大度就是这样的。

3·13　儒有内称不辟亲①，外举不辟怨；程功积事，推贤而进达之，不望其报，君得其志；苟利国家，不求富贵。其举贤援能有如此者。

【注释】

①辟——音必，通避。下同。

【译解】

儒者推荐人才，只要对方德才兼备能够胜任，对内不避称举亲属，对外不避推举怨家。儒者度量功绩，积累事实，推荐贤能而进达于上，不祈望他们的报答，从而也遂了国君用贤的心愿；只要有利于国家就行，儒者并不通过荐贤而企求富贵。儒者推举贤能的风格就是这样。

3·14　儒有闻善以相告也，见善以相示也；爵位相先也，患难相死也；久相待也，远相致也。其任举有如此者。

【译解】

儒者之间，听到善事就互相告知，见到善言就互相传示；有了爵位就互相推先，有了患难就互相效死；有的朋友久在下位，就等待他升迁，有的朋友在远方不得意，就设法招致他来入仕。儒者对待和举荐志同道合的朋友，就是这样的。

3·15　儒有澡身而浴德，陈言而伏，静而正之，上弗知也，粗而翘之^①，又不急为也；不临深而为高，不加少而为多；世治不轻，世乱不沮^②；同弗与，异弗非也。其特立独行有如此者。

【注释】

①翘——音桥。　　②沮——音举。

【译解】

儒者沐浴身心于道德之中，陈述自己的建言而伏听君命，安静不躁而谨守正道，君上不理解，就略加启发，又不操之过急。面临地位卑下的人，而不显示自己的高贵；不把自己很少的成就妄自增加，而自诩为成就很多。世局大治的时候，群贤并处而不自轻；世局混乱的时候，坚守正道而不沮丧。与自己政见相同的人，不和他营私结党；与自己政见相异的人，也不对他诽谤诋毁。儒者的特立独行就是这样的。

3·16　儒有上不臣天子，下不事诸侯；慎静而尚宽，强毅以与人，博学以知服；近文章，砥厉廉隅^①；虽分国，如锱铢^②，不臣不仕。其规为有如此者。

【注释】

①砥——音旨。　隅——音余。　　②锱——音兹。　铢——音朱。

【译解】

有的儒者上不为臣于天子，下不事奉于诸侯；谨慎安详而崇尚宽和，刚强坚毅而善与人交，广博学习而又知所当行；接近礼乐法度，砥砺公方正直的品格；即使把国家分封给他，也视如轻微小事，不想给谁做臣，不想出任官吏。儒者规范自己的行为，就是如此的。

3·17 儒有合志同方，营道同术；并立则乐①，相下不厌；久不相见，闻流言不信；其行本方立义②；同而进，不同而退。其交友有如此者。

【注释】

①乐——音勒。　　②行——音杏。

【译解】

儒者之间有的志趣相合，方向一致，营求道艺，路数相同，并立于世就都高兴，地位互有上下也不彼此厌弃；久不相见，听到关于对方的流言蜚语，绝不相信。他们的行为本乎方正，建立于道义之上。与自己志向相同的，就进一步交往；与自己志向不同的，就退避疏远。儒者交朋友的态度就是如此。

3·18 温良者，仁之本也。敬慎者，仁之地也。宽裕者，仁之作也。孙接者①，仁之能也。礼节者，仁之貌也。言谈者，仁之文也。歌乐者②，仁之和也。分散者，仁之施也。儒皆兼此而有之，犹且不敢言仁也。其尊让有如此者。

【注释】

①孙——通逊。 ②乐——音岳。

【译解】

温和善良是仁的根本，恭敬谨慎是仁的质地，宽洪大量是仁的兴作，谦逊待人接物是仁的功能，礼节是仁的外貌，言谈是仁的文采，歌乐是仁的和谐，分财散物是仁的施与。儒者兼有这几种美德，尚且不敢说做到仁了。儒者的尊重谦让就是这样的。

3·19 儒有不陨获于贫贱①，不充诎于富贵②，不恩君王③，不累长上，不闵有司④，故曰儒。今众人之命儒也妄，常以儒相诟病⑤。

【注释】

①陨——音允。 获——音或。 ②诎——音区。 ③恩——音混，去声。 ④闵——音敏。 ⑤诟——音购。

【译解】

儒者不因贫贱而困窘失志，不因富贵而骄奢失节，不因君王的困辱，不因长官的恐吓，不因官吏的刁难而违道失常，所以叫做儒。现在人们对儒字命名的理解是虚妄不实的，故尔常常用儒者相互辱骂。

3·20 孔子至舍，哀公馆之，闻此言也，言加信，行加义，"终没吾世，不敢以儒为戏"。

【译解】

孔子从卫国回到鲁国,归至其家,鲁哀公用公馆招待他住,听到孔子这番言论后,自己说话更加讲信用,行为更加符合道义,他说"终我一生,再不敢拿儒者开玩笑了"。

礼　运[*]

共二十一章

4·1　昔者仲尼与于蜡宾①，事毕，出游于观之上②，喟然而叹③。仲尼之叹，盖叹鲁也。言偃在侧④，曰："君子何叹?"孔子曰："大道之行也，与三代之英，丘未之逮也，而有志焉。大道之行也，天下为公，选贤与能，讲信修睦。故人不独亲其亲，不独子其子，使老有所终，壮有所用，幼有所长⑤，矜寡孤独废疾者皆有所养⑥，男有分⑦，女有归。货恶其弃于地也⑧，不必藏于己；力恶其不出于身也，不必为己。是故谋闭而不兴，盗窃乱贼而不作，故外户而不闭。是谓大同。今大道既隐，天下为家，各亲其亲，各子其子，货力为己，大人世及以为礼，城郭沟池以为固，礼义以为纪；以正君臣，以笃父子，以睦兄弟，以和夫妇，以设制度，以立田里，以贤勇知⑨，以功为己。故谋用是作，而兵由此起。禹、

＊本篇为《礼记》第九篇。

汤、文、武、成王、周公，由此其选也。此六君子者，未有不谨于礼者也。以著其义，以考其信，著有过，刑仁讲让，示民有常。如有不由此者，在执者去⑩，众以为殃。是谓小康。"

【注释】

①与——音玉。　蜡——音乍。　②观——音罐。　③喟——音愧。　④偃——音演。　⑤长——音掌。　⑥矜——音官，通鳏。　⑦分——音奋。　⑧恶——音务。下同。　⑨知——同智。　⑩执——通势。

【译解】

从前仲尼（孔子）以贵宾的身份参加了鲁国的年终聚合百神的蜡祭。祭毕，他出来在鲁宫的大门楼上游览，长声叹了口气。仲尼叹气，大概是慨叹鲁国的祭礼不完备。言偃（子游）跟随在孔子身侧，问道："请问老师为什么叹气?"孔子说："大道通行的时代与夏、商、周三代精英当政的时期，我都没有赶上，而有些文字记载可以看到。大道通行的时代，天下为全体人民所公有。选举有贤德与有才能的人来管事，讲求诚信，致力友爱，所以人们不只是敬爱自己的双亲，不只是疼爱自己的子女，更能博爱世人，使老人们都能安度终生，壮年们都能发挥自己的才用，儿童们都能健康成长，鳏寡孤独残废病人都能得到赡养。男人都有自己的职务，女人都有自己的归宿。物质资料，就担心它丢弃在地上得不到合理利用，倒不一定收藏到自己家里；智力体力，担心它不能从自身上发挥出来，倒不一定为了个人利益。珍惜物资，热爱劳动，都出自公心，因此为非做歹的念头都自然闭塞而不能兴起，盗窃掠夺的活动都自然不会发生，所以关上外门只是为了挡风寒，无须上栓紧闭。这就叫做大同世界。如今，大道既已消失，天下为一个家族所私有，人们各自敬爱自己的双亲，各自疼爱自己的子女，对待物质财富，对待劳动，都从个人利益出发。领袖们将财富和权力视为私物，世代相传，并认定这样做合乎礼法。为了维护个人的财富、权力，以城池为坚固保障，以礼义为纪律纲常。用礼来使君臣名分端正，父子关系笃厚，兄弟情谊和睦，夫妻感情和谐，用礼来设置制度，建立田里，尊重勇士智士，一切事功都是为了个人，所以机谋由此而发生，战事由此而兴起。大禹、成汤、文王、武王、成王、周公，就是这样的时代里产生的杰出人物。这六位杰出人物，没有一位不是谨慎地据礼行事的。他们当政时期，用礼来表明道义，考查诚信，辨明过错，效法仁爱，讲求谦让，向民众显示做人行事的常规。如果有不遵守这种礼法常规的人，即使有权有势的，也要撤职去位，民众视之为祸害。这就叫做小康世界。"

4·2　言偃复问曰："如此乎礼之急也?"孔子曰："夫礼[1]，先王以承天之道，以治人之情，故失之者死，得之者生。《诗》曰：'相鼠有体，人而无礼。人而无礼，胡不遄死[2]。'是故夫礼必本于天，殽于地[3]，列于鬼神，达于丧、祭、射、御、冠、昏、朝、聘[4]。故圣人以礼示之，故天下国家可得而正也。"

【注释】

①夫——音扶。　②遄——音船。　③敩——音笑，通效。
④冠——音贯。　昏——婚的本字。

【译解】

言偃又问："礼是这样的急切吗?"孔子说："礼，是先代圣王用以顺承自然之道来治理人情的。所以丧失了礼就要死亡，得到了礼就能生存。《诗经·相鼠》有这样的诗句:'老鼠还有身体，人类怎能无礼? 做人如果无礼，何不赶快死去。'所以说，礼一定要根据天，效法地，与鬼神并列，而贯彻在丧、祭、射、御、冠、婚、朝、聘各种活动之中。圣人把礼明示给人民，天下国家才能够得到正确的治理。"

4·3　言偃复问曰:"夫子之极言礼也，可得而闻与①?"孔子曰:"我欲观夏道，是故之杞②，而不足征也，吾得《夏时》焉。我欲观殷道，是故之宋，而不足征也，吾得《坤乾》焉③。《坤乾》之义，《夏时》之等，吾以是观之。

【注释】

①与——音鱼。　②杞——音起。　③乾——音前。

【译解】

言偃又问道:"老师您那么强调礼的重要，能不能讲详细些让我听听呢?"孔子说:"我打算考察夏代的礼制，所以到夏代的后裔杞国去了，杞国文献不足，难以考证，我只得到一册历书名叫《夏时》。我打算考察殷代的礼制，所以到殷代的后裔宋国去了，宋国也文献不足，难以考证，我只得到一册讲阴阳变化的书，名叫《坤乾》。我就根据《坤乾》的内容，《夏时》的节次，来进行考察。

4·4　"夫礼之初①，始诸饮食，其燔黍捭豚②，汙尊而抔饮③，蒉桴而土鼓④，犹若可以致其敬于鬼神。及其死也，升屋而号⑤，告曰：'皋⑥！某复！'然后饭腥而苴孰⑦，故天望而地藏也。体魄则降，知气在上⑧，故死者北首，生者南乡⑨，皆从其初。

【注释】

①夫——音扶。　②燔——音凡。　捭——音箅。　豚——音屯。　③汙——音蛙，同注。　抔——剖的阳平声。　④蒉——音快。　桴——音浮，通枹。　⑤号——音毫。　⑥皋——音高。　⑦饭——动词，音反。　苴——音居。　孰——熟的本字。⑧知——同智。　⑨乡——通向。

【译解】

"礼的最初，开始于饮食活动。原始时代，人们把黍米放在石板上用火烘熟，把小猪放在火上烧烤，地上挖个小坑盛水当作酒罇，用两手捧着饮用，抟泥烧制鼓槌，瓦框蒙皮做鼓，就这样简陋，还可以向鬼神致敬呢。及至人死的时候，亲人就升上屋顶望着天空呼喊，呼告说："啊！某某，你回来吧！"招魂无效，然后人们就用生米填满死者口中，下葬时又用草包包裹些熟肉送给死者。就这样望天招魂，入地埋藏，因为人死了形体降入地里，灵魂升往上空。死者都头朝北，由于北方属阴；活人都朝南居住，由于南方属阳。现在人们也是如此，这都是依从最初的习俗。

4·5 "昔者先王未有宫室，冬则居营窟①，夏则居橧巢②。未有火化，食草木之实，鸟兽之肉，饮其血，茹其毛③。未有麻丝④，衣其羽皮⑤。后圣有作，然后修火之利，范金合土，以为台榭、宫室、牖户⑥，以炮以燔⑦，以亨以炙⑧，以为醴酪⑨；治其麻丝，以为布帛。以养生送死，以事鬼神上帝。皆从其朔⑩。

【注释】

①窟——音枯。　②橧——音增。　③茹——音如。
④麻丝——刘台拱云："当作丝麻。"朱彬云："《家语·问礼篇》正作丝麻。"下同。　⑤衣——动词，音益。　⑥牖——音有。
⑦炮——音袍。俗音包。　⑧亨——音抨，通烹。　炙——音至。
⑨酪——音涝。　⑩朔——音㮦。

【译解】

"从前上古先王时代，没有宫室，冬天就住在挖掘的土穴里，夏天就住在薪木架上的柴屋。那时还没有发明火，就生吃草木的果实，鸟兽的肉，喝禽兽的血，连毛也咽下。那时还不知道利用苎麻、蚕丝，就披穿鸟羽兽皮。后来圣人出世，研究应用火的热能，镕化金属，注入模型，铸造器皿，合土做坯，烧制砖瓦，用来创建台榭、宫室、窗户，又用火来炮、烤、煮、炙各种肉类，酿制醴酒、奶酪，加工麻的纤维来织布，缫治蚕丝来织绸，人们用种种新的物质生活资料来养生送死，来事奉鬼神上帝。现在人们也是如此，这都是依从圣人最初的创造。

4·6 "故玄酒在室，醴酰在户①，粢醍在堂②，澄酒在下。陈其牺牲，备其鼎俎，列其琴瑟管磬钟鼓，修其祝嘏③，以降上神与其先祖，以正君臣，以笃父子，以睦兄弟，以齐上下，夫妇有所。是谓承天之祜④。

【注释】

①酰——音斩。　②粢——音剂。　醍——音体。　③嘏——音古。　④祜——音护。

【译解】

"后世依照圣人的创造，祭祀更为规范。为了表示不忘古昔，特设清水一罇，名为玄酒，放在室内北墙下；盛着麹少米多的甜醴酒的酒罇，和盛着白色糟滓很多的酰酒的酒罇放在室内靠近室户的地方；盛着红色的糟滓很多的醍酒的酒罇放在堂上接近室户的地方；盛着糟滓下沉、酒色稍清的澄酒的酒罇，放在堂下。酒味越薄，其发明时代越古；为了尊古，味越薄的，陈列的位置越尊。同时陈列祭祀的牺牲，备办盛放煮熟牲体的铜鼎和肉几，分列琴、瑟、管、磬、钟、鼓各种乐器，修定主人祭告神灵的文辞和神灵向主人致福的文辞，用来迎接上神和先祖的降临。通过庄严肃穆的祭礼，可以端正君臣的身份，增厚父子的恩情，和睦兄弟的情谊，整齐上下的心志，夫妇各得其所。达到了这样的效果，就可以称作承受了上天的赐福。

4·7 "作其祝号，玄酒以祭，荐其血毛，腥其俎，孰其殽①，与其越席②，疏布以幂③，衣其澣帛④，醴醆以献，荐其燔炙，君与夫人交献，以嘉魂魄。是谓合莫。然后退而合亨⑤，体其犬豕牛羊，实其簠簋笾豆铏羹⑥，祝以孝告，嘏以慈告。是谓大祥。此礼之大成也。"

【注释】

①孰——熟的本字。 殽——音淆，同肴。 ②越——音活。③幂——音密。 ④衣——音益。 澣——音缓。 ⑤亨——音抨，通烹。 ⑥簠——音府。 簋——音鬼。 铏——音刑。

【译解】

"将鬼神以及牲玉祭品分别拟定美称。行祭时，神职人员——祝向神致祭辞中使用这些美称，告神来受飨。用玄酒来祭，祝将刚宰杀牺牲的血和毛荐告于室内，又将盛着整段带骨鲜肉的几案，和盛着小段稍煮过的骨肉的几案，先后进荐尸前。地上铺上蒲席，酒罇口掩上粗麻盖布。主人、主妇穿上新染的绸制祭服，向尸献上醴酒，荐上烤肉；献上酰酒，荐上烤肝。主人与主妇虔敬地交错献酒，使得祖先的神灵愉悦，这就叫做'合莫'，即子孙和父祖神灵互相感通，合而为一。然后将堂上肉俎撤下及未进荐牲体合起煮熟。将煮熟了的狗猪牛羊的牲体分别从关节处砍成小段，按骨体贵贱分盛于肉俎。将盛米饭的簠和簋，盛干肉的笾，盛肉酱的豆，盛带菜肉汤的铏，都装上该装的食物，以供飨尸及招待本族兄弟和宾客。祝告辞中称孝告，致福辞中称慈告。用丰富的饮食通过尸来孝养父祖的神灵，父祖的神灵通过尸向子孙致福，这就叫做大吉祥。祭礼到此就圆满地完成了。"

4·8　孔子曰：於呼哀哉①！我观周道，幽、厉伤之。吾舍鲁何适矣②！鲁之郊禘③，非礼也。周公其衰矣。杞之郊也，禹也；宋之郊也，契也④。是天子之事守也。故天子祭天地，诸侯祭社稷。

【注释】

①於——音污，同呜。　②舍——通舍。　③禘——音帝。④契——音谢。

【译解】

孔子说：唉！可悲呀！我考察周代的制度，已经遭受了周幽王、周厉王的破坏，现在除了周公后裔的鲁国，我还能去哪里观察到周代的礼制呢？不过，作为诸侯的鲁国，竟然僭行天子之礼，即在南郊祭天，在太庙追祭始祖，这是极为失礼的，看来周公的制度也衰微啦！杞国郊天禘禹，宋国郊天禘契，也是错误的，因为郊禘是天子的职守。天子统治天下才能祭天祭地，诸侯统治一个地区，只能祭祀当地的土神和谷神。

4·9　祝嘏莫敢易其常古，是谓大假。祝嘏辞说，藏于宗祝巫史，非礼也，是谓幽国。醆斝及尸君①，非礼也，是谓僭君②。冕弁兵革藏于私家，非礼也，是谓胁君。大夫具官，祭器不假，声乐皆具，非礼也，是谓乱国。故仕于公曰臣，仕于家曰仆。三年之丧与新有昏者，期不使③。以衰裳入朝④，与家仆杂居齐齿，非礼也，是谓君与臣同国。故天子有田以处其子孙⑤，诸侯有国以处其子孙，大夫有采以处其子孙⑥，是谓制度。故天子适诸侯，必舍其祖庙，而不以礼籍入，是谓天子坏法乱纪。诸侯非问疾吊丧而入诸臣之家，是谓君臣为谑⑦。是故礼者，君之大柄也，所以别嫌明微，傧鬼神⑧，考制度，别仁义，所以治政安君也。故政不正则君位危，君位危则大臣倍⑨，小臣窃。刑肃而俗敝，则法无常，法无常而礼无列，礼无列则士不事也。刑肃而俗敝，则民弗归也。是谓疵国⑩。

【注释】

①斝——音甲。　②僭——音建。　③期——音基，同暮。④衰——音崔。　裳——音常。　⑤处——音杵。下同。⑥采——音蔡，通埰。阮元《校勘记》云："《七经孟子考文》引古本、足利本'采'下有'地'字。"　⑦谑——音血。　⑧傧——音彬。⑨倍——通背。　⑩疵——磁的阴平声。

【译解】

祝辞、嘏辞都有定式，不敢改变其常规古法，这称作大假——大善事。祝辞、嘏辞藏在掌管祭事或卜筮人员——宗祝巫史私人手里，是失礼的，这叫做昏暗之国。醆和斝是先王贵重的酒杯，诸侯在祭祀中用这种杯酌酒献尸，是非礼的，这叫做僭拟天子。冕服、弁服、兵器、甲胄，藏在大夫家里，是非礼的，这叫做威胁国君。没有土地的大夫，而官员具备，祭器自备，声乐齐备，是非礼的，这叫做乱国。事奉国君的叫臣，事奉大夫的叫仆。遭遇父母丧事和新结婚的，周年之内不差派公务。在此期间，大臣如果身穿丧服进入朝廷，或者跟自己家仆杂居共处，不顾尊卑，没上没下，是非礼的，这叫做君臣共国。所以，天子有田来安置自己的子孙，诸侯有国来安置自己的子孙，大夫有采地来安置自己的子孙，这叫做制度。天子到了诸侯的国里，一定要住在诸侯的祖庙，然而不根据礼籍的规定而进住，那就叫做天子坏法乱纪了。诸侯不是为了问病、吊丧而到诸臣家去串门，这叫做君臣戏弄。所以说，礼是国君手里的一个大的权柄。用它来区别嫌疑，辨明微隐，敬事鬼神，建立制度，分别仁义，总之，礼是用来治理国政、保安君位的。所以国政不正则君位不稳，君位不稳则大臣背叛，小臣盗窃。严刑峻法而风气败坏，法令就要变更无常。法令变更无常从而礼规更加紊乱；礼规紊乱，士人们就无所事事了。刑罚严厉而风气凋敝，那么必然导致民心不归向。这样的国家叫做病国。

4·10　故政者，君之所以藏身也。是故夫政必本于天①，殽以降命②。命降于社之谓殽地，降于祖庙之谓仁义，降于山川之谓兴作，降于五祀之谓制度。此圣人所以藏身之固也。故圣人参于天地，并于鬼神，以治政也。处其所存，礼之序也；玩其所乐，民之治也。故天生时而地生财，人其父生而师教之，四者君以正用之，故君者立于无过之地也。

【注释】

①夫——音扶。　②斆——音笑，通效。

【译解】

政治是国君用来托身的。所以施政一定要根据天地阴阳变化的法则，效法天理来颁布政令。政令颁布到神社，叫做效法大地。为什么叫效法大地呢？大地有各种土壤，生物不同，政令因地制宜地颁布于具体地区的神社，自然也是对大地某种功能的顺应、仿效。政令颁布于祖庙，叫做仁义。宗庙怎么有仁有义呢？历代先人，从恩情上讲，祖亲于曾祖，父亲于祖，越近越亲；从道义上讲，祖尊于父，曾祖尊于祖，越远越尊，而尊祖爱亲是政教的核心。政令颁布于山川，叫做兴作。为什么叫兴作呢？山川有各种物资，可以制作各种器物。政令颁布于五祀，叫做制度。为什么叫制度呢？因为门、户、中霤、灶、行五物，大小形制，各有法度。政令颁布得如此细密妥善，这就是圣人托身稳固的原因。所以，圣人是参照、效法天地之理，比并依从鬼神之灵，来修治政教的。处置所考察到的事理，就能得到礼节的秩序；深切体验到人们的愿望，就能实现人民的治理。天能产生四时，地能产生资财，人是父母所生，而由老师教育。国君能够顺天时，因地利，笃人伦，施教化，把四者加以正确利用。英明的国君能站在没有过错的地位，就在于此。

4·11　故君者，所明也，非明人者也。君者，所养

也，非养人者也。君者，所事也，非事人者也。故君明
人则有过，养人则不足，事人则失位。故百姓则君以自
治也①，养君以自安也，事君以自显也。故礼达而分
定②，故人皆爱其死而患其生。故用人之知③，去其诈；
用人之勇，去其怒；用人之仁，去其贪。故国有患，君
死社稷谓之义，大夫死宗庙谓之变④。

【注释】

①则——郑玄云："则当作明。"　②分——音奋。　③知——
同智。　④变——郑玄云："变当为辩，声之误也。"

【译解】

国君是国民所尊崇仿效的，而不是尊崇仿效国民的；国君是
国民所供养的，而不是供养国民的；国君是国民所事奉的，而不
是事奉国民的。国君仿效国民，就不免发生偏差；国君供养国
民，自然财力不足；国君事奉国民，就失掉了君位。老百姓效法
国君，借以修养自己的品行；供养国君，借以安定自己的生活；
事奉国君，借以显示自己的职分。以尊卑等级为核心的礼制得到
贯彻，上下的名分也就从而确定。上下名分确定了，即使遇到特
殊情况，只要合礼应分，就甘心赴死；而违礼非分，则厌恨偷
生。国君奖用臣民的智慧，而帮助他们去掉虚伪不实的毛病；奖
用臣民的勇敢，而帮助他们去掉暴躁发火的毛病；奖用臣民的仁
爱，而帮助他们去掉贪图便宜的毛病。国家有外敌入侵，国君为
国家领土、主权而死，是正义的；大夫为保卫君主的宗庙而死，
是正当的。

4·12　故圣人耐以天下为一家①，以中国为一人者，非意之也，必知其情，辟于其义②，明于其利，达于其患，然后能为之。何谓人情？喜、怒、哀、惧、爱、恶、欲③，七者弗学而能。何谓人义？父慈、子孝、兄良、弟弟、夫义、妇听、长惠、幼顺、君仁、臣忠④，十者谓之人义。讲信修睦，谓之人利。争夺相杀，谓之人患。故圣人之所以治人七情，修十义，讲信修睦，尚辞让，去争夺，舍礼何以治之⑤？饮食男女，人之大欲存焉。死亡贫苦，人之大恶存焉。故欲恶者，心之大端也。人藏其心，不可测度也⑥。美恶皆在其心，不见其色也⑦。欲一以穷之，舍礼何以哉！

【注释】

①耐——古能字。　②辟——音必。　③恶——音务。下同。④弟弟——下"弟"音悌，通悌。　长——音掌。　⑤舍——通捨。下同。　⑥度——音夺。　⑦见——音线，现的本字。

【译解】

圣人能够把天下当作一个家庭，把整个中国团结成一个人一样，这并不是主观臆想，一定是由于圣人了解人情，通晓人义，明白人利，懂得人患，然后才能做到。什么叫人情呢？就是欢喜、恼怒、悲哀、恐惧、爱慕、憎恶、欲望这七种心情，这是不用学习就有的本能。什么叫人义呢？做父亲的要慈爱，做儿子的要孝顺，做哥哥的要和悦，做弟弟的要敬爱，做丈夫的要有情义，做妻子的要听从，做长辈的要宽厚，做晚辈的要恭顺，做君主的要仁爱，做臣子的要忠诚，这十种伦理道德就叫做人义。讲求诚信相待，搞好和睦关系，这就叫做人利。争夺相杀，就叫做人患。圣人用以治理七情，倡导十义，讲求诚信，促进和睦，崇尚谦让，清除争夺，离开了礼还能有什么更好的办法呢？饮食、男女是人们心中最大的欲望；死亡、贫苦是人们心中最大的憎恶。所以说，欲望和憎恶是人们心中的两股特大的头绪。人们把自己的欲望和憎恶要是藏在心底，别人是无法揣度的。人们好的坏的念头都藏在内心而不表现在脸色上，要打算彻底弄清人们心里的念头，离开了礼还能有什么更好的办法呢？

4·13　故人者，其天地之德，阴阳之交，鬼神之会，五行之秀气也。故天秉阳，垂日星；地秉阴，窍于山川。播五行于四时，和而后月生也，是以三五而盈，三五而阙①。五行之动，迭相竭也。五行、四时、十二月，还相为本也②。五声、六律、十二管，还相为宫也。五味、六和、十二食③，还相为质也④。五色、六章、十二衣，还相为质也。故人者，天地之心也，五行之端也，食味、别声、被色而生者也⑤。

【注释】

①阙——同缺。　②还——音悬，同旋。　③和——音贺。④还相为质——戴震云："《五经算术》作'还相为滑'。此所引在唐以前，应是古本。"王引之云："今作质者，因与下文相涉而误。"⑤被——音劈，通披。

【译解】

人是天地基本品质的体现，阴阳交感的结晶，鬼神精灵的荟萃，五大元素的英华。天秉阳性，悬垂日星，照临大地。地秉阴性，山谷河床呈现着许多洼地和洞穴。天阳地阴配合，播散五行金木水火土于春夏秋冬四季。五行四时调和匀适，而后月亮依时出现，这样月亮才能够前十五天趋向圆满，后十五天逐渐残阙消失。五行运转，轮流兴旺衰竭，如冬为水，春为木，木旺则水竭，夏为火，火旺则木竭，秋为金，金旺则火竭。五行四时十二月周转不停，轮流作主。五声即宫、商、角、徵、羽，六律即黄钟、太蔟、姑洗、蕤宾、夷则、无射，十二律即六律加六吕即大吕、夹钟、中吕、林钟、南吕、应钟，轮流做主调。五味、六种调料应用在四时十二月当中，也轮流作为主味。青、赤、黄、白、黑五色，五色加上玄色而分组绘成的六种章采，制成的四时十二月的衣服，也轮流作为季节的主要色调。所以说，人是天地之心，五行之首，人是能够调和并品尝各种滋味、创造并辨别各种声调、制作并披服各色衣服而生活在世的万物之灵。

4·14　故圣人作则，必以天地为本，以阴阳为端，以四时为柄，以日星为纪，月以为量，鬼神以为徒，五行以为质，礼义以为器，人情以为田，四灵以为畜①。以天地为本，故物可举也。以阴阳为端，故情可睹也。以四时为柄，故事可劝也。以日星为纪，故事可列也。月以为量，故功有艺也。鬼神以为徒，故事有守也。五行以为质，故事可复也。礼义以为器，故事行有考也。人情以为田，故人以为奥也。四灵以为畜，故饮食有由也。

【注释】

①畜——音处。

【译解】

所以圣人制定法令，必定以天地为根本，以阴阳为大端，以四时为把柄，以日星为纲纪，月份以为限量，鬼神以为徒类，五行以为材质，礼义以为器具，人情以为田地，四灵以为家畜。以天地为根本，所以万物可以兴举；以阴阳为大端，所以正反两方面的情况都可以看清；以四时为把柄，所以工作才可以奋勉；以日星为纲纪，所以做事可以排列有序；月份以为限量，所以事功就有了程限；鬼神以为徒类，所以国家众事就各有职守；五行以为材质，所以国事可以周而复始不断进行；礼义以为器具，所以国事能够实行而有成就；人情以为田地，所以人就成为重要的对象了。四灵以为家畜，所以饮食就有了来源。

4·15　何谓四灵？麟、凤、龟、龙，谓之四灵。故龙以为畜，故鱼鲔不淰①；凤以为畜，故鸟不獝②；麟以为畜，故兽不狘③；龟以为畜，故人情不失。故先王秉蓍龟④，列祭祀，瘗缯⑤，宣祝嘏辞说，设制度，故国有礼，官有御，事有职，礼有序。

【注释】

①鲔——音伟。　淰——音审。　②獝——音旭。钱大昕云："《释文》本作'矞'，《周礼·大司乐》注引亦作'矞'。俗从犬，误。"

③狨——音越。　　④蓍——音师。　　⑤瘗——音益。　缯——
音增。

【译解】

什么叫做四灵？麟、凤、龟、龙四种动物叫做四灵。兽类以
麟为长，鸟类以凤为长，介类以龟为长，鳞类以龙为长。以龙为
家畜，大鱼小鱼就不惊骇乱窜；以凤为家畜，众鸟就不惊骇乱
飞；以麟为家畜，野兽就不惊骇逃避；以龟为家畜，就可以预知
人情，没有爽失。所以先王秉持着卜筮用的蓍茎和龟甲，安排祭
祀，瘗埋币帛，宣读祝告辞、致福辞，设立各种制度，从而国有
礼制，官有统管，事有专职，礼有秩序。

4·16　故先王患礼之不达于下也，故祭帝于郊，所
以定天位也；祀社于国，所以列地利也；祖庙，所以本
仁也；山川，所以傧鬼神也①；五祀，所以本事也。故宗
祝在庙，三公在朝，三老在学，王前巫而后史，卜筮瞽
侑皆在左右②。王中心无为也，以守至正。故礼行于郊而
百神受职焉，礼行于社而百货可极焉，礼行于祖庙而孝
慈服焉，礼行于五祀而正法则焉。故自郊、社、祖庙、
山川、五祀，义之修而礼之藏也。

【注释】

①傧——音彬。　　②筮——音士。　侑——音右，通宥。

【译解】

先王忧虑礼的精神不能下达到基层，所以祭上帝于南郊，是

用来确定天的至尊地位；祭土神于国内，是用来显示大地的物产之利；祭祀祖庙，是用来探本性地表达人伦的爱心；祭祀山川，用以敬待鬼神；祭祀宫中门、户、中霤、灶、行五神，用来致敬于最初创造这种生活必需事物的先人。宗人和祝在宗庙辅导行礼，三公在朝庭坐而论道，三老在学堂讲说人伦义理，天子前面有男巫驱邪，后面有史官记言记事，决疑的卜筮官员、掌乐官员以及主管规谏官员都在左右，天子居中，清心静虑来保持至纯至正的心态。所以，礼举行在南郊，天上群神都随同上帝享祭而各受其职；礼举行在神社，而大地的各种物资物产都得以极尽其用；礼举行在祖庙，而子孝父慈的教化得以施行；礼举行于宫中五祀，从而整饬了生活的规则。所以，从郊天、祀社、祭祖到山川、五祀的一系列祭祀，可以说，都是修治了义的同时而礼也蕴藏其中了。

4·17　是故夫礼^①，必本于大一^②，分而为天地，转而为阴阳，变而为四时，列而为鬼神。其降曰命，其官于天也。夫礼必本于天，动而之地，列而之事，变而从时，协于分艺。其居人也曰养，其行之以货力、辞让、饮、食、冠、昏、丧、祭、射、御、朝、聘^③。

【注释】

①夫——音扶。下同。　　②大——通太。　　③冠——音贯。昏——婚的本字。

【译解】

从礼的总体上说，礼必定本于太一，即天地未分、至大无际的混沌体。这太一，在形体上分化则成为天地，而天地从性质上又转化成为阴阳。阴阳进一步变化，就成为四时，即阳变而为春夏，阴变而为秋冬。四时更迭运转，在天地间布列了主管生成万物的种种鬼神。圣人效法天地、阴阳、四时、鬼神而颁下的法令，叫做命，这种命是效法天理、派生于天理的。所以，圣人制礼必须是本自天理，动用于大地，分列于各种人事之中，变化依从四时，协合于一定的分限。礼处在个人身上是种修养，而礼的实行则表现在财货、劳动、辞让、饮食、加冠、结婚、丧事、祭祀、习射、驾驶、朝见、聘问各个方面。

4·18　故礼义也者，人之大端也，所以讲信修睦而固人之肌肤之会、筋骸之束也①；所以养生、送死、事鬼神之大端也；所以达天道、顺人情之大窦也。故唯圣人为知礼之不可以已也。故坏国、丧家、亡人，必先去其礼。故礼之于人也，犹酒之有蘗也②；君子以厚，小人以薄。

【注释】

①骸——音孩。　②蘗——音聂。

【译解】

所以，礼义是做人的重大事项，是用来讲求诚信、搞好和睦而牢固地规范制约人的行为举止的，是用来奉养生者、葬送死者、敬事鬼神的大事项，是用来贯彻天理、顺应人情的巨大渠道。所以，唯有圣人知道礼是不可以废止的。凡导致坏国、败家、毁人的大祸，必定是由于人们首先抛弃了礼。所以礼对于人来说，就像酿酒要有曲一样。曲厚工细，酒味就醇；偷工减料，酒就味薄。君子诚挚，则礼意深厚；小人浅劣，则礼意虚薄。

4·19　故圣王修义之柄、礼之序，以治人情。故人情者，圣王之田也，修礼以耕之，陈义以种之，讲学以耨之①，本仁以聚之，播乐以安之。故礼也者，义之实也。协诸义而协，则礼虽先王未之有，可以义起也。义者，艺之分，仁之节也。协于艺，讲于仁，得之者强。仁者，义之本也，顺之体也，得之者尊。故治国不以礼，犹无耜而耕也②；为礼不本于义，犹耕而弗种也；为义而不讲之以学，犹种而弗耨也；讲之于学而不合之以仁，犹耨而弗获也；合之以仁而不安之以乐，犹获而弗食也；安之以乐而不达于顺，犹食而弗肥也。

【注释】

①耨——音 nòu。　　②耜——音似。

【译解】

所以圣王研究义理的根本、礼仪的次序，来治理人情。因此可以说，人情像是圣王亲自管理的田地，圣王修治礼仪来耕它，陈说义理来种它，讲学探讨来锄它，本着爱心来收敛它，播放音乐来使它安适习惯。所以说，礼是义结出的果实。只要将礼仪比照义理而能协合，那么，这种礼仪即使古代先王所未曾有过，也是可以根据义理来创制的。义，是对事理进行分辨、对爱心进行制约的原则。能够用义来协合事理、用义来明辨仁爱的人，便是为人们畏服的强者。仁是义的根本，顺的主体，能够做到仁的人，便是被人们敬仰的尊者。所以说，治理国家而不用礼，就好比没有耒耜而要耕田。制礼而不以义为根本，就好比耕了田地而没有播种。制礼能以义为本而不深入讲学明辨是非，就好比播了种而不进行锄草培苗。进行讲学探讨，而未能用仁爱合聚众心，就好比锄草培苗而没有收获。能用仁爱合聚众心而未能通过音乐陶冶使人心安神适，就好比收获了粮食而没有吃用。做到了愉悦心安而未能达到习惯顺应，就好比吃了粮食而未能肌肉丰满。

4·20　四体既正，肤革充盈，人之肥也。父子笃，兄弟睦，夫妇和，家之肥也。大臣法，小臣廉，官职相序，君臣相正，国之肥也。天子以德为车，以乐为御，诸侯以礼相与，大夫以法相序，士以信相考，百姓以睦相守，天下之肥也。是谓大顺。大顺者，所以养生、送死、事鬼神之常也。故事大积焉而不苑①，并行而不缪②，细行而不失，深而通，茂而有间③，连而不相及也，动而不相害也。此顺之至也。故明于顺，然后能守危也。

【注释】

①苑——音允。　②缪——通谬。　③间——音建。

【译解】

四肢正常，肌肤丰满，这是个人的健康正常。父子亲厚，兄弟和睦，夫妻互爱，这是家庭的健康正常。大臣守法，小臣清廉，官职上下有序，君臣互相匡正，这是国家的健康正常。天子以道德为车，以和乐为御手，诸侯彼此以礼相交，大夫以法相互井井有序地工作，士人以信相成，百姓以和睦相守，这是天下的健康正常。这种境界叫做大顺。大顺的社会是人们养生送死、奉事鬼神的正常社会。因此，虽然国事大量聚集在前而能不积压滞留，各项事情同时实行而能不纠缠乖缪，细微小事也能施行而不遗失，事虽深奥而能通达，事虽茂密而有间距，事和事相连而能不相攙杂，几件事同时在做而能不相妨害，这就是顺的极致了。所以，明了顺的真谛，然后才能安守高位。

4·21　故礼之不同也，不丰也，不杀也①，所以持情而合危也。故圣王所以顺，山者不使居川，不使渚者居中原②，而弗敝也。用水、火、金、木、饮食必时，合男女、颁爵位必当年、德③，用民必顺，故无水旱昆虫之灾，民无凶饥妖孽之疾④。故天不爱其道，地不爱其宝，人不爱其情。故天降膏露，地出醴泉，山出器、车，河出马图，凤皇、麒麟皆在郊棷⑤，龟、龙在宫沼⑥，其余鸟兽之卵胎，皆可俯而阚也⑦。则是无故，先王能修礼以达义，体信以达顺故，此顺之实也。

【注释】

①杀——音晒。　②渚——音煮。　③当——音荡。
④孽——音聂。　⑤椒——音叟，通薮。　⑥沼——音找。
⑦阋——音盍，同窥。

【译解】

礼制因贵贱等级的差异而有种种不同的规定，该用礼制的某种规格，就用某种规格，既不能增加，也不能减少，这种严格的礼规，是用以维持人情而消除危乱的。圣人为了顺应天理人情，所以不使居住山区的人们去河川地带居住，也不使居住洲渚地区的人们去平原地带居住，从而都不至于疲敝劳困。圣王教导人民使用水、火、金、木、饮食必须要顺乎天时。圣王合和男女必使年龄相当，颁爵任官必使与德行相称，圣王役使人民更必须顺乎民心。这样做了，大地就不会发生水旱昆虫的灾害，人民就不会闹饥荒，得怪病。这样，天不隐藏其天理，地不隐藏其宝物，人也不隐藏自己的真情了。于是，天降甘露，地出醴泉，山里出现宝器宝车，黄河里涌出龙马驮着的宝图，凤凰和麒麟都来到了郊外的草泽，龟和龙都来到宫中的池沼。其他鸟卵兽胎，随处都可以任人俯身观看。出现这样的情况不是什么别的原因，就是由于先王能够外修礼仪以表达天理、内体诚信以顺应人情的缘故。这种种祥瑞的出现，就是达乎天理、顺乎人情的结果。

大　传[*]

共十七章

5·1　礼，不王不禘^①。王者禘其祖之所自出，以其祖配之。诸侯及其大祖^②。大夫、士有大事，省于其君^③干祫及其高祖^④。

【注释】

①禘——音帝。　　②大——通太。　　③省——音醒。
④祫——音洽。

【译解】

礼制规定，不是天子就不得举行祭天的禘祭。帝王祭祀诞育他始祖的天神，用始祖的神主来配享。诸侯祭祀祖先，能够推及最初建国的那位太祖。大夫三庙，士两庙。大夫和士如有大事大功，为国君省察知晓，就可请求合祭，可以祭到高祖。

5·2　牧之野，武王之大事也。既事而退，柴于上

帝，祈于社，设奠于牧室，遂率天下诸侯执豆笾，逡奔
走^①，追王大王亶父、王季历、文王昌^②，不以卑临尊也。

【注释】

①逡——音郡。　　②追王——王音旺。　大——通太。
亶——音胆。　父——音府。

【译解】

在牧野打败殷朝纣王，是周武王的重大事功。战事结束后，
武王就退而焚柴祀告上帝，祈告地神，在牧野之室设放食品祭告
先祖神主。当时，武王就率领天下各路诸侯手持盛着各色食品的
笾豆，往来奔走供奉。封先曾祖古公亶父为太王，先祖季历为
王，先父姬昌为文王，这样，行祭时才不会以为王之后辈祭拜没
有王位的先祖、先父。

5·3　上治祖祢^①，尊尊也。下治子孙，亲亲也。旁治
昆弟，合族以食，序以昭缪^②，别之以礼义，人道竭矣。

【注释】

①祢——音你。　　②缪——音木，通穆。

【译解】

往上端正先祖先父的名分地位，这是尊崇正统至尊，往下确
定子孙的继承关系，这是亲爱骨肉至亲，从旁理顺兄弟的手足情
谊，用聚食制度来联合全族的感情，用左昭右穆的族规排列辈
分，用礼仪来区别亲疏长幼，人道伦常就都体现无遗了。

5·4　圣人南面而听天下，所且先者五，民不与焉[1]：一曰治亲，二曰报功，三曰举贤，四曰使能，五曰存爱。五者一得于天下，民无不足，无不赡者。五者一物纰缪[2]，民莫得其死。圣人南面而治天下，必自人道始矣。

【注释】

　①与——音玉。　　②纰——音批。　缪——通谬。

【译解】

　圣人面南背北地治理天下，所必须首先注意的有五项事，而有关民众的事务还不在内。第一是治理好本族的亲属，第二是酬报有功的官员，第三是选拔贤良之士，第四是任用有才干的能人，第五是省察自己所宠信的臣佐。这五项事在全国范围内都能做好，那么民众就没有不满足的，就没有不富足的。这五项如果有一项出现乖谬偏差，那么民众就将横受其害不得好死了。圣人面南背北地治理天下，一定要从人道伦常开始。

5·5　立权度量[1]，考文章，改正朔[2]，易服色，殊徽号，异器械，别衣服，此其所得与民变革者也[3]。其不可得变革者则有矣，亲亲也，尊尊也，长长也，男女有别，此其不可得与民变革者也。

【注释】

　①量——音亮。　　②正——音征。　朔——音硕。　　③与——音雨。

【译解】

制定度量衡，考订礼乐法度，改革历法，变更所推崇的颜色，采用不同于前代的徽章旗号，改良器具军械，使之异于往昔，区别各阶级各等级的衣服，这些都是能够与民众一起加以变革的。另有一些事情是不能够变革的，比如热爱自己的近亲，崇敬地位尊贵的人，尊重长辈，严格男女关系的界限，这些是不能够与民众一起来加以变革的。

5·6　同姓从宗，合族属；异姓主名，治际会。名著而男女有别。其夫属乎父道者，妻皆母道也；其夫属乎子道者，妻皆妇道也。谓弟之妻妇者，是嫂亦可谓之母乎？名者，人治之大者也，可无慎乎！

【译解】

同姓的人都随从宗子，合成一个族属。其他姓氏的女子们先后嫁到这宗族来，就以称谓为主，这便于摆正宗族内各种交际聚会中的彼此关系。称谓明确了，从而男女之间就有了名分上的区别了。妻子的辈分视丈夫的辈分而定。丈夫属于父辈的，其妻子就算是母辈的；丈夫属于儿子辈的，其妻子就算是媳妇辈的了。有人称呼弟弟的妻子为媳妇，那么嫂子也能可以称呼母亲吗？岂不乱套了吗！所以说，称谓是人伦间的大事，能不慎重么？

5·7　四世而缌，服之穷也。五世祖免①，杀同姓也②。六世，亲属竭矣。其庶姓别于上而戚单于下③，昏

姻可以通乎？系之以姓而弗别，缀之以食而弗殊，虽百
世而昏姻不通者，周道然也。

【注释】

①免——音问。　　②杀——音晒。　　③单——音丹，通殚。

【译解】

高祖以下从曾祖、祖父、父亲到己身为四世。就己身而言，
为父亲服斩衰三年，为亲兄弟服齐衰周年，为同祖兄弟服大功九
月，为同曾祖族人服小功五月，为同高祖族人服缌麻三月。为同
高祖的族亲服缌麻三月，就是五服的终限了。到五世，就不是同
高祖的族亲了，已经出了五服，遇到这种族人之丧，去参加入
殓、出殡等礼时，才左袒、著免来表示哀意，这反映族属关系的
减轻、削弱。到了六世，那亲属关系就没有了。这同姓各支从上
开始分别，而休戚相关的亲情就递减以至竭尽于后代；关系既然
疏远，彼此之间可以互通婚姻吗？同用一个姓来维系且形诸族谱
而没有根本性的区别，又有定期宗族会餐制度的联系而不断绝，
那么，即使传到了一百世，也不能互通婚姻，周朝确定的原则就
是如此。

5·8　服术有六：一曰亲亲，二曰尊尊，三曰名，四曰出入，五曰长幼，六曰从服。

【译解】

服丧的对象很多，就其性质而言，大致可分为六类。第一类是
依据亲亲原则对有血统关系的亲属制定的，例如为父母、丈夫、妻

子、子女、兄弟、伯父、叔父等家族成员服丧。第二类是依据尊尊原则对君长制定的，例如诸侯及其卿、大夫为天子服丧，卿、大夫、士以及百姓为国君服丧。第三类是据名义角度制定的，例如为伯母、叔母服丧。伯母叔母虽然与我没有血缘关系，由于她们也是母辈，也有母的名义，所以也为之服丧。第四类是根据家族成员的出入情况而相应制定的不同服制。例如姑、姊、妹，未嫁而死，我为之服齐衰周年；已嫁而死，我就为之降服大功九月了。第五类是根据长幼即成人未成人的原则制定不同的服制。例如叔父成人而死，我为之服齐衰周年；长殇、中殇就为之服大功九月，下殇就为之服小功五月了。第六类统称为从服，死者与我没有直接的亲属关系，我随从亲属或尊者为之服丧，例如妻子随从丈夫为丈夫的亲属服丧，丈夫随从妻子为妻子的父母服丧。

5·9　从服有六：有属从，有徒从，有从有服而无服，有从无服而有服，有从重而轻，有从轻而重。

【译解】

从服当中又有六种情况。一，属从，即死者与我有间接的亲属关系，我随从与我有直接血缘关系的亲属为死者服丧。例如儿子随从母亲为外祖父母服丧。二，徒从，即死者与我并没有亲属关系，我随从尊者为之服丧。例如，臣随从国君为国君的亲属服丧。三，有从有服而无服，即所随从者有服而随从者无服。例如，按常例说，丈夫随妻子为岳父母服丧，妻子为她的父母服齐衰一年，女婿为岳父母从服缌麻三月。然而公子即国君的庶子们却对其岳父母无服。因为国君的尊贵压制着、制约着公子的服丧

范围，公子的妻子可以依常例为其父母服齐衰一年，而公子无
服，公子不能依常例为岳父母从服缌麻三月。四，有从无服而有
服，即所随从者无服而随从者反而有服。例如，按常例说，外祖
父母死了，外孙子要为之服小功五月，外孙子媳妇从服缌麻三
月。而公子出于上述原因对外祖父母无服，而公子的妻子作为从
服者却仍然依照常例为之服缌麻三月。五，有从重而轻，即所随
从者服制重，从服者服制甚轻。例如，丈夫随从妻子为岳父母服
丧，妻子为她的父母服齐衰一年，丈夫从服降三等，只为岳父母
服缌麻三月的轻服。六，有从轻而重，即所随从者的服制却轻而
从服者的服制反重。例如，公子的母亲死了，他的母亲本是国君
的妾，不仅国君对她无服，而且国君的尊贵还压制、制约着公
子，使公子不能为生自己的母亲正式服丧，只允许他在葬前头戴
白练冠，身穿镶浅红边的麻衣，而公子的妻子则须依常例为婆婆
服齐衰一年的重服。

5·10 自仁率亲，等而上之至于祖，名曰轻；自义
率祖，顺而下之至于祢，名曰重。一轻一重，其义然也。

【译解】

由爱心出发遵奉父母，一级一级地上推到祖先，可以说越远
亲情越轻；由道义出发遵奉祖先，顺序往下至于先父，可以说，
越早地位越尊重。对于祖先，一方面是亲情转轻，一方面是地位
尊重，这情理是自然而然的。

5·11 君有合族之道，族人不得以其戚戚君，位也。

【译解】

作为一国之君，自然有团结全族的道义，但是作为国君的族人却不得凭着血缘关系的亲情来对待国君，这是由国君所处的地位决定的。因为国君是全国全民之主，所以族人不得将他仅仅看成为自己的族亲。

5·12　庶子不祭，明其宗也。庶子不得为长子三年，不继祖也。

【译解】

庶子之所以不进行祭祀，是表明主持祭祀的嫡子为自己所宗，自己无权擅自行祭。庶子的长子死了，庶子只为他服齐衰周年，不得为他服斩衰三年，因为庶子本身就不是父亲的继承人，其长子自然也就不是祖父的继承人。

5·13　别子为祖，继别为宗，继祢者为小宗。有百世不迁之宗，有五世则迁之宗。百世不迁者，别子之后也。宗其继别子之所自出者①，百世不迁者也。宗其继高祖者，五世则迁者也。尊祖故敬宗，敬宗，尊祖之义也。

【注释】

①之所自出——朱熹疑此四字为衍文。

【译解】

别子指国王的庶子。别子不能继承王位，他的后代尊奉他为祖先，继承别子的嫡系子孙就成了大宗，继承别子之庶子的后辈

就是小宗。有百世也不迁动的宗，是为大宗；有到第五世就必须
迁动的宗，是为小宗。百世不迁的大宗，是别子的正统后裔。为
世代所有族人所宗的继承别子的嫡嫡相传的宗，是百世不迁的大
宗；只为同高祖族人所宗的继承高祖的嫡嫡相传的宗，是到第五
世就迁动的小宗。族人尊崇祖先，所以自然也就敬重作为祖祢正
体的宗子。敬重宗子，其实就包含着尊崇先祖的意义。

5·14　有小宗而无大宗者，有大宗而无小宗者，有
无宗亦莫之宗者，公子是也。

【译解】

诸侯的儿子们中，除世子外，都是公子。这里的公子专指先
君之子，现今国君的兄弟。诸侯嫡嫡相传，自成一正统，势须选
立一公子为宗子，来统领群公子。这样就可能出现三种情况。
一，有小宗而无大宗者：国君没有嫡兄弟，只得选一位庶兄弟为
宗子统领群公子，礼如小宗，这样一来，群公子就只有小宗而没
有大宗了。二，有大宗而无小宗者：国君有嫡兄弟，派他作宗子
统领群公子，此外就不另立庶兄弟为宗子，这样一来，群公子就
只有大宗而没有小宗了。三，有无宗亦莫之宗者：如果国君只有
一个兄弟，这样一来，既没有另外公子可做他的宗子，同时也自
然没有另外公子以他为宗了。

5·15　公子有宗道。公子之公，为其士大夫之庶者
宗其士大夫之适者[①]，公子之宗道也。

【注释】

①适——音笛，通嫡。

【译解】

公子有为宗之道。公子的国君让那些做士大夫的庶兄弟宗奉一位做士大夫的嫡兄弟，这就是公子的宗道。

5·16　绝族无移服，亲者属也①。

【注释】

①属——音主。

【译解】

族属关系已经断绝，就没有旁及的丧服了，只有有亲属关系的，才属于服丧范围。如族兄弟（同高祖的兄弟）尚在五服之内，互相为对方服缌麻三月之丧。自此以外，族属关系已断，就没有旁及的丧服了。如族兄弟之子，已经出了五服，就不互相为对方之死服丧了。

5·17　自仁率亲，等而上之至于祖，自义率祖，顺而下之至于祢，是故人道亲亲也。亲亲故尊祖，尊祖故敬宗，敬宗故收族，收族故宗庙严，宗庙严故重社稷，重社稷故爱百姓，爱百姓故刑罚中①，刑罚中故庶民安，庶民安故财用足，财用足故百志成，百志成故礼俗刑，礼俗刑然后乐②。《诗》云："不显不承，无斁于人斯③。"此之谓也。

【注释】

①中——音仲。　　②乐——音勒。　　③敩——音益。

【译解】

　　从爱心出发奉事双亲，爱心一级一级地上推到祖先；从道义出发敬事祖先，顺序下推到先父。所以说，人们的本性是爱双亲的。因为爱双亲，亲情上推，也就尊崇祖先了。尊崇祖先，自然也就敬重作为祖先后裔的宗族了。敬重宗族，所以也就能团结聚拢族人了。能团结聚拢广大族人，那么奉事的宗庙也就格外尊严。宗庙尊严，自然国家社稷也就能够确保威重。为了确保国家社稷的威重，自然也就深知热爱百姓了。热爱百姓，自然就能够做到刑罚公正。做到刑罚公正，那么民众就能够安居乐业。民众能够安居乐业，自然就会财用充足。财用充足，那么各种愿望也就都能实现。愿望能够完满实现，从而良好的礼教风俗就能够形成。形成了良好的礼教风俗，然后人民就生活欢乐了。《诗经·清庙》中有这样的诗句："不断地发扬光大，不断地启后承前，人民永远欢喜，从不感到厌烦。"说的就是这种情况。

学　记[*]

共二十章

6・1　发虑宪，求善良，足以谍闻^①，不足以动众。就贤体远，足以动众，未足以化民。君子如欲化民成俗，其必由学乎！

【注释】

①谍——音小。　闻——音问。

【译解】

发动思虑，招求善良，这样做可以有小小的声誉，还不足以感动群众；亲近贤能，体恤疏远，这样做可以感动群众，还不足以化育人民。君子如果打算化育人民，形成美好的风俗，一定要由教学入手哇。

6・2　玉不琢，不成器；人不学，不知道。是故古之王者建国君民，教学为先。《兑命》曰^①："念终始典于学。"其此之谓乎！

【注释】

①兑——音月，通悦。下同。

【译解】

玉不雕琢，就不会成为器物；人不学习，就不会明白道理。所以古代君王建立国家，治理人民，总以教学为首务。《尚书·兑命》中说："念头要始终经常地在学习上。"大概说的就是这个意思吧！

6·3　虽有嘉肴①，弗食，不知其旨也；虽有至道，弗学，不知其善也。是故学然后知不足，教然后知困。知不足，然后能自反也；知困，然后能自强也。故曰，教学相长也②。《兑命》曰"学学半"③，其此之谓乎！

【注释】

①肴——音姚。　②长——音掌。　③学学半——上学音效。

【译解】

虽然有好菜，不吃就不知道它的美味；虽然有最善的道理，不学就不明白它的好处。所以经过学习然后才知道自己的不足，通过教学然后才知道自己的贫乏。知道不足然后才能够自我反省，知道贫乏然后才能够奋发自强。所以说教与学是互相长进的。《尚书·兑命》中说："教别人，自己也能收到一半成效。"大概说的就是这个意思吧！

6·4 古之教者，家有塾，党有庠^①，术有序^②，国有学。比年入学^③，中年考校^④。一年视离经辨志，三年视敬业乐群，五年视博习亲师，七年视论学取友，谓之小成；九年知类通达，强立而不反，谓之大成。夫然后足以化民易俗^⑤，近者说服而远者怀之^⑥，此大学之道也^⑦。《记》曰："蛾子时术之^⑧。"其此之谓乎！

【注释】

①庠——音祥。　②术——音碎，通遂。　③比——音必。④中——音仲。　⑤夫——音扶。下同。　⑥说——音月，通悦。　⑦大——通太。下同。　⑧蛾——音以，同蚁。

【译解】

古时候的教学场所，家族中有塾，五百家为一党，党中有庠，一万二千五百家为一遂，遂中有序，国都中有学。每年都有学生入学，隔一年就做一次考察。第一年考察学生点读经文的能力，辨别学生的志向；第三年考察学生是否重视学业，热爱集体；第五年考察学生是否学习广博，亲近老师；第七年考察学生讨论学术的水准高低，选取学友的良莠。达到目标了，叫做小成。第九年做到学识明达，触类旁通，坚强自立而不违反师教，叫做大成。教育成效如此，才可以化育人民，移风易俗，附近的人民都心悦诚服，远方的人民都怀德向往，这就是大学教育的途径、步骤。古籍上说，蚂蚁时时学习衔土，久而成垤。说的就是这种积微成著的道理吧！

6·5 大学始教，皮弁祭菜，示敬道也。《宵雅》肄三①，官其始也。入学鼓箧②，孙其业也③。夏楚二物④，收其威也。未卜禘不视学⑤，游其志也。时观而弗语⑥，存其心也。幼者听而弗问，学不躐等也⑦。此七者，教之大伦也。《记》曰："凡学，官先事，士先志。"其此之谓乎！

【注释】

①宵——音晓，通小。　②箧——音窃。　③孙——通逊。下同。　④夏——音甲，通槚。　⑤禘——音帝。　⑥语——音玉。　⑦躐——音列。

【译解】

大学开学时，天子诸侯派官员身着白色的皮弁礼服，用水芹水藻祭奠先圣先师，这是表示尊师重道。演习《小雅》中《鹿鸣》、《四牡》、《皇皇者华》三首反映君臣宴乐相互劳问的乐章，这是从开始就勉励学生准备做官奉上。通过击鼓召集学生进入教室，打开书箱，这样做是让学生恭顺地对待学业。用来鞭策违纪学生的两种体罚工具——槚木条、荆条，目的是要收到威严整肃的效果，防止怠惰。天子诸侯通过龟卜确定吉日举行宗庙夏祭之前，就不去学校视学考察，这样做是为了使学生们得以优游心志，从容向学，而不致于迫蹙紧张。教师时常观察学生而不要动辄讲说，要让学生用心思考，主动钻研。至于年幼学生要让他们专心听讲，而不要脱离课程地乱问，因为学习要循序渐进，不能越等进行。这七项是教学的大道理。古籍上说："凡学习，做官的先学办事，上学的先要立志。"说的就是这种情况吧！

6·6 大学之教也，时教必有正业，退息必有居学。不学操缦^①，不能安弦；不学博依^②，不能安诗；不学杂服，不能安礼；不兴其艺，不能乐学。故君子之于学也，藏焉，修焉，息焉，游焉。夫然，故安其学而亲其师，乐其友而信其道，是以虽离师辅而不反也。《兑命》曰："敬孙务时敏，厥修乃来^③。"其此之谓乎！

【注释】

①缦——音曼。　②依——音以。　③厥——音决。

【译解】

大学的教育，因时施教必有正式课程，下课休息必有复习作业。不学操理弹拨的基本技能，就不能妥善地弹琴。不学习广泛的比喻，就不能妥善地理解诗。不学习各种礼服、燕服的形制、用场及其穿着仪容，就不能妥善地行礼。不喜欢学习课程中各种技艺，就不能提起学习兴趣。所以君子对于学业知识，要积累，要练习，劳作休息时要体味，闲暇无事时要涵泳。能够这样，所以才能安心学习而亲近师长，友爱学友而笃信正理。所以即使离开师长学友，也不会违反道义。《尚书·兑命》中说："恭敬谦逊地致力于及时勤学，其进修成果才能到来。"说的就是这种情况吧！

6·7 今之教者，呻其占毕^①，多其讯言，及于数进而不顾其安^②，使人不由其诚，教人不尽其材，其施之也悖^③，其求之也佛^④。夫然，故隐其学而疾其师，苦其

难而不知其益也。虽终其业，其去之必速。教之不刑，
其此之由乎！

【注释】

①占——音揿，通觇。 ②数——音粟，通速。 ③悖——
音背。 ④佛——音浮。

【译解】

今天教学的人，只知诵读课本，多加晓告解说，汲汲于加速
进度而不顾是否稳妥。对待学生不从诚心实意出发，教学生不能
尽量针对学生的材质。措施反情悖理，要求乖戾失常。这样，所
以学生痛恨学习而厌恶老师，苦恼于学习困难，而不知道学习有
什么益处；即使勉强读完课业，那丢掉的也必快速。教育的不成
功，就是这个原由吧！

6·8 大学之法，禁于未发之谓豫，当其可之谓时，
不陵节而施之谓孙，相观而善之谓摩。此四者，教之所
由兴也。

【译解】

大学的教育方法：邪恶的念头未发生之前，就通过教育加以
禁止，叫做预防；当学生可以接受教育的时期而加以教导，叫做
时宜；不超越学生的学习阶段而讲授，叫做循序；组织学生互相
观看学习方法、成绩，从而吸取别人优点，叫做观摩。这四项，
就是促使教育兴盛的原由。

6·9　发然后禁，则扞格而不胜^①；时过然后学，则勤苦而难成；杂施而不孙，则坏乱而不修；独学而无友，则孤陋而寡闻；燕朋逆其师；燕辟废其学^②。此六者，教之所由废也。

【注释】

①扞——音汗。　　②辟——音譬，通癖。

【译解】

罪过已经发生，然后加以禁止，那教育就格格不入，不能战胜邪恶；就学时期已过，然后才去学习，那么就相当劳苦而难有成就；杂乱施教而不遵循进度，那就破坏了知识的系统性而不可收拾；独自学习而没有学友一起切磋、交流，那势必造成孤陋寡闻；结交不正派的朋友，会违背老师的训诲；染上不良的癖好，会荒废自己的学业。这六项，是致使教育失败的原由。

6·10　君子既知教之所由兴，又知教之所由废，然后可以为人师也。故君子之教喻也，道而弗牵^①，强而弗抑^②，开而弗达。道而弗牵则和，强而弗抑则易，开而弗达则思。和易以思，可谓善喻矣。

【注释】

①道——音倒，通导。　　②强——音抢。

【译解】

君子既知道教育因何而兴盛，又知道教育因何而荒废，然后才可以为人师表。所以君子的教学是晓喻别人，引导而不牵强，勉励而不压制，启发而不径直表达。引导而不牵强，自然就态度温和；勉励而不压制，自然就作风平易；启发而不径直表达，自然就引人思考。温和、平易而又引人思考，可以称得上是善于晓喻了。

6·11 学者有四失，教者必知之。人之学也，或失则多，或失则寡，或失则易，或失则止。此四者，心之莫同也。知其心，然后能救其失也。教也者，长善而救其失者也。

【译解】

学习的人可能有四种过失，教学的人必须知道。人们学习当中，有人的过失在于多，贪多嚼不烂；有人的过失在于少，学习面窄，不知开阔眼界；有人的过失在于易，轻易对待学业，不知深入研讨；有人的过失在于止，满足现状而不求上进。这四种人心理状态不相同。了解他们的心态，然后才能挽救他们的过失。所谓教育，就是助长学生的优点而匡救学生的过失。

6·12 善歌者使人继其声，善教者使人继其志。其言也约而达，微而臧①，罕譬而喻，可谓继志矣。

【注释】

①臧——音脏。

【译解】

善于唱歌的，能使人乐于仿效，接续他的歌声；善于教学的，能使人乐于进修，继承他的志向。教师的语言，简约而通达，精微而完美，比喻虽少而意思明了，可以称得上能让人继承他的志向了。

6·13　君子知至学之难易，而知其美恶，然后能博喻，能博喻然后能为师，能为师然后能为长，能为长然后能为君。故师也者，所以学为君也。是故择师不可不慎也。《记》曰："三王四代唯其师。"此之谓也。

【译解】

君子知道进学的深浅难易，同时知道学生的资质优劣美恶，然后能针对不同的阶段、不同的学生而进行广泛的晓喻。能够广泛地晓喻然后才能做老师，能够做老师然后才能做官长，能够做官长然后才能做君主。师德与君德是相通的。所以老师么，就是用以学做君主的，因此选择老师不可不慎重。古籍上说："夏、商、周三王上加虞朝为四代，全都是以老师为重的。"说的就是这个意思呀！

6·14　凡学之道，严师为难。师严然后道尊，道尊然后民知敬学。是故君之所不臣于其臣者二，当其为尸则弗臣也，当其为师则弗臣也。大学之礼，虽诏于天子，无北面，所以尊师也。

【译解】

一般学习的规矩，最难做到的是崇敬老师。老师受到崇敬，然后知识、义理才受到尊重；知识、义理受到尊重，然后人民才知道严肃对待学习。所以君主不以对待臣子的态度来对待臣子的情况有两种：一种是请臣子在祭祀中充当被祭神灵的时候，不把他当臣子对待；另一种是臣子做老师的时候，也不把他当臣子对待。大学之礼规定，天子前来视学，老师即使对天子讲授，也不面朝北地陈说。这项礼规就是用以尊重老师的。

6·15 善学者，师逸而功倍，又从而庸之；不善学者，师勤而功半，又从而怨之。善问者，如攻坚木，先其易者，后其节目，及其久也，相说以解①；不善问者反此。善待问者，如撞钟，叩之以小者则小鸣，叩之以大者则大鸣，待其从容，然后尽其声；不善答问者反此。此皆进学之道也。

【注释】

①相——音香。 说——音托，通脱。

【译解】

善于学习的人，老师安逸而功效加倍，学生又从而归功于老师；不善于学习的人，老师辛勤而功效只有一半，学生又从而埋怨老师。善于提问的人，如同砍伐坚硬的大树，先砍伐平易的地方，最后砍伐疙里疙瘩纹理不顺的地方，时间长了，根干自然脱离分解；不善于提问的人，其做法恰恰相反。善于答问的人，如同被撞的钟，用小力敲打，响声就小，用大力敲打，响声就大，敲打得从容不迫，然后钟才缓缓尽其余音；不善于回答问题的人，其做法与此恰恰相反。这都是增进学问的方式。

6·16　记问之学，不足以为人师。必也其听语乎！力不能问，然后语之^①；语之而不知，虽舍之可也。

【注释】

①语——动词，音育。下同。

【译解】

自己没有心得见解，只靠预先记诵一些问题资料，到时为学生讲说，这种学问，当老师是不够格的。一定要讲的话，也要听到学生的提问再来讲说。学生面有疑色，又没有能力提问，然后可以直接讲说晓告。经过讲说告喻，学生仍然不理解，说明他们目前程度尚低，那么，即使将这问题姑且置而不论，也是可以的。

6·17　良冶之子必学为裘，良弓之子必学为箕，始驾马者反之，车在马前。君子察于此三者，可以有志于学矣。

【译解】

优秀铁匠的儿子，开始必先学习补缀兽皮以成裘衣。铁匠冶铁补治破器，使之完好，其子弟通过缀皮成裘，先练习拼补手艺，再学补治铁器就比较容易了。优秀弓匠的儿子，开始必先学习软化柳条编制簸箕。弓匠柔屈竹木做弓，其子弟通过软化柳条做簸箕，先练习矫揉手艺，再学做弓就比较容易了。刚学驾车的小马，先将它拴系在马车后，车在小马前，让小马随车而行，逐渐适应，日子长了，再让它驾车，就不会惊慌不安了。君子观察这三件事，领悟到由浅入深、循序渐进的道理，可以立志向学了。

6·18　古之学者，比物丑类。鼓无当于五声①，五声弗得不和；水无当于五色，五色弗得不章；学无当于五官，五官弗得不治；师无当于五服，五服弗得不亲。

【注释】

①当——去声，音荡。下同。

【译解】

古代的学者，能够排比事物，为之分类，有了综合归纳，学习自然深入。鼓音不相当于宫商角徵羽五音的任何一音，然而五音演奏，如果没有鼓点调节就得不到和谐。水不相当于青黄赤白黑五色的任何一色，然而五色相配，如果没有水为之化解，色彩就得不到鲜明。学者不相当于司徒、宗伯、司马、司寇、司空五官的任何一官，然而任何官长如果没有学识，公事就得不到良好的治理。老师不相当于斩衰、齐衰、大功、小功、缌麻五服中的任何亲属，然而五服亲属如果没有老师的教导，也就得不到应有的亲情。

6·19　君子曰：大德不官，大道不器，大信不约，大时不齐。察于此四者，可以有志于学矣^①。

【注释】

①学——孙希旦《礼记集解》、朱彬《礼记训纂》此字皆作"本"。

【译解】

君子说："大的才德不仅能专治一种官务，大的道理不仅能涵盖一种事物，大的信用不须体现在文约上，大的天时，春温夏热秋凉冬寒，并不整齐一样。观察到这四种情况，就能从大处着眼以立志向学为本了。"

6·20　三王之祭川也，皆先河而后海，或源也，或委也。此之谓务本。

【译解】

夏、商、周三代君王祭祀河川时，都是先祭河而后祭海，一个是水流的源头，一个是水流汇聚的所在，先本后末，这就叫做"务本"。

乐　记*

共四十五章

7·1　凡音之起，由人心生也。人心之动，物使之然也。感于物而动，故形于声。声相应①，故生变，变成方，谓之音。比音而乐之②，及干戚羽旄③，谓之乐④。

【注释】

①应——音硬。　　②比——音必。　　③旄——音毛。
④乐——音岳。以下凡不标音之乐字，皆音岳。

【译解】

大凡音的兴起，是由人心发生的。人心的活动，又是外界事物使之如此的。人心有感于外界事物而活动，故尔表现于声。声互相应和，就产生了变化。变化形成一定的方式，就叫做"音"。排比音节而用乐器演奏，又用盾牌、斧钺、雉尾、旄牛尾进行舞蹈，就叫做"乐"。

---

*本篇为《礼记》第十九篇。

7·2　乐者，音之所由生也，其本在人心之感于物也。是故其哀心感者，其声噍以杀^①，其乐心感者^②，其声啴以缓^③；其喜心感者，其声发以散；其怒心感者，其声粗以厉；其敬心感者，其声直以廉；其爱心感者，其声和以柔。六者非性也，感于物而后动。是故先王慎所以感之者。故礼以道其志^④，乐以和其声，政以一其行，刑以防其奸。礼乐刑政，其极一也，所以同民心而出治道也。

【注释】

①噍——音焦。　杀——音晒。　②乐——音勒。　③啴——音产。　④道——通导。

【译解】

乐是由声音所产生的，其根本在于人心之有感于外界事物。人们心中起了悲哀的感应的，发出的声音就显得焦急而衰微；心中起了快乐的感应的，发出的声音就显得宽绰而徐缓；心中起了喜悦的感应的，发出的声音就显得悠扬而舒畅；心中起了愤怒的感应的，发出的声音就显得粗猛而凌厉；心中起了恭敬的感应的，发出的声音就显得正直而清明；心中起了爱恋的感应的，发出的声音就显得平和而温柔。这六种心情并非天性自发的，而是有感于外界事物而后萌动的。因此，古代圣君贤王很重视引起人们感触的外界事物。所以就用礼来引导人们的心志，用乐来调和人们的歌声，用政治来统一人们的行动，用刑法来防止人们的奸邪。礼乐刑政的终极目标是一致的，都是用以和同人心从而走向国家大治的正道。

　　7·3　凡音者，生人心者也。情动于中，故形于声，声成文，谓之音。是故治世之音安以乐^①，其政和；乱世之音怨以怒，其政乖；亡国之音哀以思，其民困。声音之道与政通矣。宫为君，商为臣，角为民^②，徵为事^③，羽为物。五者不乱，则无怗懘之音矣^④。宫乱则荒，其君骄；商乱则陂^⑤，其官坏；角乱则忧，其民怨；徵乱则哀，其事勤；羽乱则危，其财匮。五者皆乱，迭相陵^⑥，谓之慢。如此则国之灭亡无日矣。郑卫之音，乱世之音也，比于慢矣^⑦。桑间、濮上之音^⑧，亡国之音也，其政散，其民流，诬上行私而不可止也。

【注释】

　　①乐——音勒。　　②角——音决。　　③徵——音纸。④怗——音沾。　　懘——音至。　　⑤陂——音必。　　⑥迭——音蝶。　　⑦比——音必。　　⑧濮——音葡。

【译解】

　　大凡音乐，都是产生于人心。情感活动于心中，就在声音上加以体现。声音形成文理，就叫做音乐。所以，治世的音乐安适而欢乐，反映政治祥和。乱世的音乐怨恨而愤怒，反映政治乖戾。亡国之音悲哀而忧虑，反映人民困苦。声音的道理是与政治相通的。宫商角徵羽五音分别象征君、臣、民、事、物。宫音为君，商音为臣，角音为民，徵音为事，羽音为物。五音协调不乱，就不会出现不和谐的声音了。宫音乱，整个音乐就显得荒散，反映国君骄纵。商音乱，整个音乐就显得颓废，反映官务败坏。角音乱，整个音乐就显得忧愁，反映人民怨恨。徵音乱，整个音乐就显得悲哀，反映国事劳苦。羽音乱，整个音乐就显得危急，反映物资匮乏。如果五音全部紊乱，相互侵陵，这就叫做慢音，慢音是极端放肆没有规矩的音乐。这样，国家就面临灭亡没有几天了。古代郑、卫两国的音乐，就是乱世的音乐，接近于慢音了。濮水之上有个地方叫桑间，那里的音乐是殷纣王的亡国靡靡之音，反映着国政荒散、人民流离、欺骗上司、各行私欲而不可禁止的时代。

7·4　凡音者，生于人心者也。乐者，通伦理者也。是故知声而不知音者，禽兽是也。知音而不知乐者，众庶是也。唯君子为能知乐。是故审声以知音，审音以知乐，审乐以知政，而治道备矣。是故不知声者不可与言音，不知音者不可与言乐，知乐则几于礼矣①。礼乐皆得，谓之有德。德者，得也。

【注释】

①几——音基。

【译解】

一般说来，音是产生于人心的，乐是通于人情事理的。所以，禽兽只懂得声，而不懂得有节奏文理的音；民众只懂得有节奏文理的音，而不懂得反映人情事理的乐；只有君子才能够懂得反映人情事理的乐。所以，审察一般声借以进而了解有节奏文理的音，审察有节奏文理的音借以进而了解反映人情事理的乐，审察反映人情事理的乐借以进而了解国政民风，从而也就具备了治理的途径。所以，不懂得声的就不可以与他研讨音，不懂得音的就不可以与他研讨乐。理解乐的功效，就接近于理解礼的真谛了。对于礼乐都深有所得，就可以称作有德。德的意义就是在精神、理智上的完美获得。

7·5　是故乐之隆，非极音也；食飨之礼①，非致味也。《清庙》之瑟，朱弦而疏越，壹倡而三叹，有遗音者矣。大飨之礼，尚玄酒而俎腥鱼，大羹不和②，有遗味者矣。是故先王之制礼乐也，非以极口腹耳目之欲也，将以教民平好恶而反人道之正也③。

【注释】

①食——音嗣。　②大——通太。　和——音贺。　③好——音浩。　恶——音物。　反——通返。

【译解】

所以隆重的音乐，并非极其动听的音乐。贵族们举行的食礼、飨礼，即隆重的宴会、酒会，也并非最精美的滋味。周代宗庙大祭，用以伴奏《清庙》乐歌的瑟，张上朱红丝弦而疏通瑟的底孔，一人领唱而三人应和，用乐十分质朴简单，自然有许多美调遗而不用了。宗庙合祭先王的大飨礼，玄酒即清水与醴酒并设，而玄酒设在上位，俎中置放未经烹煮的生鱼，铏中的肉汤不加盐、菜调和，这样安排，自然有许多美味遗而未用了。由此可见，古圣先王制礼作乐，目的不是极力满足人们口腹耳目的欲望，将用以教导人民摆正好恶之心从而返回做人的正道。

　　7·6　人生而静，天之性也。感于物而动，性之欲也。物至知知①，然后好恶形焉。好恶无节于内，知诱于外，不能反躬，天理灭矣。夫物之感人无穷②，而人之好恶无节，则是物至而人化物也。人化物也者，灭天理而穷人欲者也。于是有悖逆诈伪之心③，有淫泆作乱之事④。是故强者胁弱，众者暴寡，知者诈愚⑤，勇者苦怯⑥，疾病不养，老幼孤独不得其所。此大乱之道也。

【注释】

　　①知知——上知同智。　　②夫——语助词，音扶。下同。③悖——音背。　　④泆——音益。　　⑤知——同智。　　⑥怯——音窃。

【译解】

　　人生来就心静，这是天生的本性。感受外界事物而心动，这是本性派生出的情欲。外界事物纷至沓来，心智加以感知，然后心中形成了爱好和憎恶两种情欲。如果爱好和憎恶在心中没有适当的节制，而为人感知的外界事物又不断地诱惑，不能反躬自省，那么天生的理性就要灭绝了。外界事物无穷无尽地撼动人心，而人的好恶的情欲又不能加以节制，那么就等于外界事物的到来而竟人随物化了。所谓人随物化，就是灭绝天理而尽情人

欲。这样一来，人们就要产生悖乱忤逆、欺诈虚伪的念头，就要
发生纵情放荡、为非做歹的事情。因而强者胁迫弱者，多数欺侮
少数。聪明的诈骗愚昧的，胆大的苦害胆小的，疾病的人得不到
调养，老幼孤独得不到应有的照顾。这种灭绝天理、放纵人欲的
做法，是导致社会大乱的歪道。

　　7·7　是故先王之制礼乐，人为之节。衰麻哭泣①，
所以节丧纪也。钟鼓干戚，所以和安乐也②。昏姻冠
笄③，所以别男女也。射乡食飨④，所以正交接也。礼节
民心，乐和民声，政以行之，刑以防之。礼乐刑政，四
达而不悖，则王道备矣。

【注释】

　　①衰——音崔。　　②乐——音勒。　　③昏——婚的本字。
冠——音贯。　笄——音基。　　④食——音嗣。

【译解】

　　为了防止人欲横流而酿成大乱，所以古圣先王制礼作乐，人
为地加以节制。丧服的等次，哭泣的礼数，是用以节度丧事的。
设置钟鼓和作为舞具的盾牌、巨斧，是用以协调宴乐的。制定婚
姻制度以及男子成人加冠、女子成人加笄的典礼，是用以章明男
女各自的本分的。制定射礼、乡饮酒礼、食礼、飨礼，是用以规
范人们交际接触的。用礼来调节民心，用乐来协和民声，用政令
来推行，用刑罚来防奸。礼乐刑政四事通行而不相悖，那么君王
的治道就完备了。

7·8 乐者为同，礼者为异。同则相亲，异则相敬。乐胜则流，礼胜则离。合情饰貌者，礼乐之事也。礼义立，则贵贱等矣。乐文同，则上下和矣。好恶著，则贤不肖别矣。刑禁暴，爵举贤，则政均矣。仁以爱之，义以正之。如此则民治行矣。

【译解】

乐是为了和同人们的情感，礼是为了区别等级的差异。情感和同就能互相亲近，等级差异就能互相尊敬。不过，乐过分了就会招致放荡，礼过分了就会产生隔阂。联合人们的情感，整饬人们的仪容，这都是礼乐方面的事宜。礼仪建立了，就显示了贵贱的等级；乐章相同，上下情感得到交流也就互相和睦了。好恶的标准昭明彰著了，那贤人与不肖之徒就有了显然的区别。用刑罚严禁凶暴，以官位拔举贤能，政治就均平公正了。凭着仁心来爱民，依据道义来匡正，仁义并施，这样，民众大治的局面就得以实现了。

7·9 乐由中出，礼自外作。乐由中出，故静；礼自外作，故文。大乐必易，大礼必简。乐至则无怨，礼至则不争。揖让而治天下者，礼乐之谓也。暴民不作，诸侯宾服，兵革不试，五刑不用，百姓无患，天子不怒，如此则乐达矣。合父子之亲，明长幼之序，以敬四海之内，天子如此，则礼行矣。

【译解】

乐从人的内心发出，礼在人的外表兴作。乐从内心发出，所以显得平静；礼在外表兴作，所以就有文饰性的姿态。隆重的音乐必定平易，盛大的礼仪必定简约。乐教通行了，就彼此无怨；礼教通行了，就彼此不争。所谓揖让而治天下，就指这礼乐的效用说的。暴民不作乱，诸侯恭顺服从，兵器不使，各种刑罚不用，百姓没有忧患，天子不再恼怒，能够这样，就是乐教通行了。四海之内，融洽父子的亲情，显明长幼的次序，都来敬奉天子，能够这样，就是礼教通行了。

7·10　大乐与天地同和，大礼与天地同节。和，故百物不失；节，故祀天祭地。明则有礼乐，幽则有鬼神。如此则四海之内合敬同爱矣。礼者，殊事合敬者也。乐者，异文合爱者也。礼乐之情同，故明王以相沿也[①]。故事与时并，名与功偕。

【注释】

①沿——同沿。

【译解】

盛大的乐与天地有同样的和气，盛大的礼与天地有同样的节序。有了和气，所以万物才不丧失生长本性；有了节序，所以才按时祭祀天地，来报答天地生成万物的功德。明处有礼乐教化，暗中有鬼神监护，这样，四海之内就能相敬相爱了。所谓礼，就是通过各种不同的仪节形式使人互敬的活动；所谓乐，就是通过各种不同的乐曲形式使人互爱的活动。礼乐教育人们互敬互爱，基本情致是相同的，所以历代明王圣主都相沿遵用。因而，所规定的礼事与其时代相符，所命名的乐曲与其功业相称。

7·11　故钟鼓管磬，羽籥干戚^①，乐之器也；屈伸俯仰，缀兆舒疾^②，乐之文也。簠簋俎豆^③，制度文章，礼之器也；升降上下，周还裼袭^④，礼之文也。故知礼乐之情者能作，识礼乐之文者能述。作者之谓圣，述者之谓明。明圣者，述作之谓也。

【注释】

①籥——音月。　②缀——音赘。　③簠——音府。簋——音鬼。　④还——同旋。裼——音西。袭——音席。

【译解】

因此，钟鼓管磬等乐具和雉尾、笛形的六孔籥、盾牌、巨斧等舞具，是乐的用器；屈伸、俯仰、舞蹈的队列、舒缓急速的动作，是乐的表现形式。盛稻饭粱饭的簠，盛黍饭稷饭的簋，盛牲肉的俎，盛肉酱、醢菜的豆，各种规格、文饰，是礼的用器；升阶降阶、上堂下堂、转身行走、袒开外衣、掩住外衣等等，是礼的表现形式。所以，理解礼乐的情实的人，能够制礼作乐；懂得礼乐表现形式的人，能够传述礼乐。能够制作的人称作圣，能够传述的人称作明。所谓明圣，就是指传述和制作说的。

7·12　乐者，天地之和也。礼者，天地之序也。和，故百物皆化；序，故群物皆别。乐由天作，礼以地制，过制则乱，过作则暴。明于天地，然后能兴礼乐也。

【译解】

乐体现天地的和气，礼体现天地的秩序。有了和气，所以万物化生；有了秩序，所以万物又都显出区别。乐是依从天的和气化育万物的道理而制作的，礼是根据地的高低上下生成万物的道理而制作的。制礼产生偏差，就会造成混乱；作乐发生了过错，就会导致暴慢。认清天地的道理，然后才能够制礼作乐。

7·13　论伦无患，乐之情也；欣喜欢爱，乐之官也。中正无邪，礼之质也；庄敬恭顺①，礼之制也。若夫礼乐之施于金石，越于声音，用于宗庙社稷，事乎山川鬼神，则此所与民同也。

【注释】

①庄敬恭顺——刘台拱云："'顺'疑'慎'字之误。"王引之云："《正义》曰'谦恭谨慎'，则所据本作'慎'不作'顺'可知。"

【译解】

符合伦常而无害，是乐的情理；欣喜欢爱，是乐的职能。中正无邪，是礼的本质；庄敬恭慎，是礼的准则。至于君主将礼乐通过钟磬，播出声音，用于祭祀宗庙社稷，事奉山川鬼神，这便是与民众所共同应用的了。

7·14　王者功成作乐，治定制礼。其功大者其乐备，其治辩者其礼具①。干戚之舞，非备乐也；孰亨而祀②，非达礼也。五帝殊时，不相沿乐；三王异世，不相袭礼。乐极则忧,礼粗则偏矣。及夫敦乐而无忧,礼备而不偏者,其唯大圣乎!

【注释】

①辩——通遍。　②敦——熟的本字。　亨——通烹。

【译解】

帝王创业成功就制作音乐,政治安定就制作礼仪。那功业大的,所作的乐就完备;那治绩广的,所制的礼就周全。单用盾、斧的舞,不能算是完备的乐;仅用熟牲的祭祀,不能算是完具的礼。五帝彼此时代不同,不相沿用前代的乐;三王各自朝代有异,不相因袭前王的礼。嗜乐过分了,就会有沉迷废事的忧患;行礼粗略了,就会发生不诚不信的偏差。至于厚爱乐而没有沉湎之忧,完备礼而没有徒具形式的偏差,那只有大圣人才能做得到吧!

7·15　天高地下,万物散殊,而礼制行矣。流而不息,合同而化,而乐兴焉。春作夏长①,仁也。秋敛冬藏,义也。仁近于乐,义近于礼。乐者敦和,率神而从天;礼者别宜,居鬼而从地。故圣人作乐以应天,制礼以配地。礼乐明备,天地官矣。

【注释】

①长——音掌。

【译解】

天高在上,地低在下,万物散布而品类殊异,礼制就依据

这种尊卑差别而实行。天地万物，流动不息，和合化育，乐就
依据这种合同变化而兴作。春生夏长，这体现着天地的慈
爱——仁；秋收冬藏，这体现着天地的严正——义。仁和乐的
性质相近，义和礼的性质相近。乐贵在和同，遵循圣人的精神
而顺从天道；礼重在区别事宜，遵守贤人的精神而顺从地道。
所以圣人作乐来顺应天，制礼来配合地。礼乐昭明完备，犹如
天地各尽其职了。

7·16 天尊地卑，君臣定矣。卑高已陈，贵贱位
矣。动静有常，小大殊矣。方以类聚，物以群分，则性
命不同矣。在天成象，在地成形，如此，则礼者天地之
别也。地气上齐①，天气下降，阴阳相摩，天地相荡，鼓
之以雷霆，奋之以风雨，动之以四时，暖之以日月②，而
百化兴焉。如此，则乐者天地之和也。

【注释】

①齐——音基，通跻。　　②暖——音宣。

【译解】

依照天尊地卑的现象，君臣的关系就确定了。依照高低地势
的陈列分布，贵贱也就定位了。依照自然界运动静止的常态，大
小事物也就有了区别。动物各依种类相聚，植物各依群体相分，
那么它们的禀性、生命也就各自不同了。在天上形成日月星辰风
云雷电各种现象，在地上形成山川草木动物植物各种形体。这
样，所谓礼，就是要反映天地万物的这种区别。地气上升，天气

下降，阴阳相互摩擦，天地相互冲荡，雷霆来鼓动，风雨来振奋，四时交替运转，日月光华照耀，从而万物兴旺生长。这样，所谓乐，就是要反映天地间的这种谐和。

7·17　化不时则不生，男女无辨则乱升，天地之情也。及夫礼乐之极乎天而蟠乎地①，行乎阴阳而通乎鬼神，穷高极远而测深厚。乐著大始②，而礼居成物。著不息者天也，著不动者地也。一动一静者，天地之间也。故圣人曰礼乐云。

【注释】

①蟠——音盘。　　②大——通太。

【译解】

化育不合天时就不能生长，男女无别就要造成淫乱，这是天地间的情理。至于礼乐，就能依照天地的情理，上达于天而下据于地，随阴阳并行，与鬼神相通，穷尽极高极远的地方，探测极深极厚的所在。乐昭示天的最初的和合化育之功，礼处于地的生成万物之位。昭示运动不息的是天，昭示静止不动的是地。由这一动一静而产生的就是天地之间的万物。所以圣人常常提起效天法地的礼乐。

7·18　昔者舜作五弦之琴以歌《南风》，夔始制乐以赏诸侯①。故天子之为乐也，以赏诸侯之有德者也。德盛而教尊，五谷时孰②，然后赏之以乐。故其治民劳者，其舞行缀远③；其治民逸者，其舞行缀短。故观其舞，知其德；闻其谥④，知其行也。《大章》，章之也。《咸池》，备矣。《韶》⑤，继也。《夏》，大也。殷周之乐尽矣。

【注释】

①夔——音奎。　　②孰——熟的本字。　　③行——音杭。
④谥——音士。　　⑤韶——音勺。

【译解】

从前舜制作五弦琴，用来伴奏《南风歌》，命夔开始制乐，用来赏赐诸侯。所以天子制乐，就是用来赏赐有德诸侯的。诸侯德行盛大而教化尊严、五谷丰登的，然后天子将乐赏赐给他。因此，诸侯治理无方、人民劳苦的，其宫廷的舞列就疏而远；诸侯治理有方、人民安逸的，其宫廷的舞列就密而近。所以观看诸侯舞列的疏密，就能了解他德行的大小；听到给他拟定谥号的褒贬，就能知道他一生行为的善恶了。同样，聆听各代音乐，也能知道各代的功德特征。《大章》是尧的乐名，反映了尧德彰明昭著；《咸池》是黄帝的乐名，所映了黄帝的德政完备；《韶》是舜的乐名，反映了舜能继承尧的美德；《夏》是禹的乐名，反映禹能将尧舜之德发扬光大；殷周的乐也表明了当时执政者能够尽心竭力。

7·19　天地之道，寒暑不时则疾，风雨不节则饥。教者，民之寒暑也，教不时则伤世；事者，民之风雨也，事不节则无功。然则先王之为乐也，以法治也，善则行象德矣。

【译解】

按天地常理来说，寒暑不应时当令就要发生疾病，风雨没有调节就会造成饥荒。教化对于人民来说，犹如寒暑一样，不合时宜就会伤害世道人心。政事对于人民来讲，犹如风雨一样，不加节度就会劳而无功。由此可知，先王作乐，用以效法政治；成绩良好，那么人民的行为就都体现高尚的道德了。

7·20　夫豢豕为酒①，非以为祸也，而狱讼益繁，则酒之流生祸也。是故先王因为酒礼。壹献之礼，宾主百拜，终日饮酒而不得醉焉，此先王之所以备酒祸也。故酒食者，所以合欢也。乐者，所以象德也。礼者，所以缀淫也②。是故先王有大事，必有礼以哀之；有大福，必有礼以乐之③。哀乐之分，皆以礼终。乐也者，圣人之所乐也，而可以善民心。其感人深，其移风易俗④，故先王著其教焉。

【注释】

①豢——音换。　②缀——音绰，通辍。　③乐——音勒。下同。　④其移风易俗——王念孙谓"俗"字下当从《汉书·乐志》补"易"字。

【译解】

本来养猪酿酒，并非用来制造灾祸，而争讼案件日益增多，那是由于纵酒无度而滋生的祸端。所以先王为此制定了饮酒礼。

包括敬酒、回敬酒、酬酒的壹献之礼，宾主双方需要许多次跪拜，这样，即使整天饮酒，也不至于喝醉，这就是先王防备酗酒肇祸的办法。所以说，酒食是用来联欢的，乐是用来体现道德的，礼是用来制止过分的。因此，先王遇有死丧大事，必有一定的丧礼来表达悲哀；遇有吉庆大事，必有一定的吉礼来表达欢乐。悲哀与欢乐的限度，都依礼来终结。乐是圣人所喜欢的事，乐可以改善民心，它感人至深，它能移风易俗，所以先王努力彰明乐教。

7·21　夫民有血气心知之性①，而无哀乐喜怒之常②，应感起物而动③，然后心术形焉。是故志微、噍杀之音作而民思忧，啴谐、慢易、繁文、简节之音作而民康乐④，粗厉、猛起、奋末、广贲之音作而民刚毅⑤，廉直、劲正、庄诚之音作而民肃敬，宽裕、肉好、顺成、和动之音作而民慈爱⑥，流辟、邪散、狄成、涤滥之音作而民淫乱⑦。

【注释】

①知——同智。　②乐——音勒。　③应——音硬。
④啴——音产。　⑤贲——音奋，通愤。　⑥好——音浩。
⑦辟——音譬，通僻。　狄成——王引之谓“成”字为“戉”字之讹。

【译解】

人民都有血气心智的天性，而哀乐喜怒却变化无常，必定有感于外界事物而引起活动，然后才形成各种心理。所以，奏起细微而急促的音乐，人民听了，就将引起忧愁；奏起舒畅、平易、音调丰富多彩而节奏简明的音乐，人民听了，就会产生康乐的情绪；奏起粗犷严厉、发声猛烈、收尾亢奋、广阔而愤激的音乐，人民听了，就会满怀刚毅之情；奏起廉直刚正、庄重真诚的音乐，人民听了，就会肃然起敬；奏起宽裕、圆润、平顺、成熟、谐和、生动的音乐，人民听了，就会滋生慈爱的情感；奏起浮躁、怪僻、邪恶、散慢、轻佻、放荡的音乐，人民听了，就会萌发淫乱的情欲。

　　7·22　是故先王本之情性，稽之度数，制之礼义，合生气之和，道五常之行①，使之阳而不散，阴而不密，刚气不怒，柔气不慑②，四畅交于中而发作于外，皆安其位而不相夺也。然后立之学等，广其节奏，省其文采③，以绳德厚，律小大之称④，比终始之序⑤，以象事行，使亲疏、贵贱、长幼、男女之理皆形见于乐⑥，故曰"乐观其深"矣。

【注释】

　　①道——通导。　　②慑——音射。　　③省——音醒。
　　④称——音趁。　　⑤比——音必。　　⑥见——现的本字。

【译解】

　　因此，先王作乐，根据人们的性情，考求音律的度数，用礼义加以节制，符合生气的和畅，遵循五行的运转，使气质属阳的不至于散慢，气质属阴的不至于闭塞，气质属刚的不至于暴怒，气质属柔的不至于怯懦，阴阳刚柔四种气质和畅地交流于心中而抒发兴作于身外，都各安其位而不相互侵夺。然后订立学习的等级，逐步增广节奏练习，审查表现色彩，用以衡量品德深厚程度，规范大小音律的匀称性，排比乐章的先后次序，用以模拟事功、作为，务使亲疏、贵贱、长幼、男女的伦理，都体现在乐舞之中。所以古有"乐要观察其中深义"的话了。

7·23　土敝则草木不长，水烦则鱼鳖不大，气衰则生物不遂，世乱则礼慝而乐淫[1]。是故其声哀而不庄，乐而不安[2]；慢易以犯节，流湎以忘本[3]；广则容奸，狭则思欲；感条畅之气，而灭平和之德。是以君子贱之也。

【注释】

①慝——音特。　　②乐——音勒。　　③湎——音勉。

【译解】

地力乏敝，就长不出草木；水域烦扰，就养不大鱼鳖；节气衰竭，生物就不能长成；世道浊乱，礼就荒秽，乐就淫邪。所以这种乱世之音，悲哀而不庄重，欢乐而不安详，缓慢平易而凌犯节奏，放纵沉迷而忘了本性。音调宽阔时就包藏着奸邪，音调窄迫时就思慕着情欲。这种靡靡之音，撼动人们通畅的正气，泯灭人们平和的品德，因此君子是鄙视它的。

7·24　凡奸声感人而逆气应之[1]，逆气成象而淫乐兴焉。正声感人而顺气应之，顺气成象而和乐兴焉。倡和有应②，回邪曲直各归其分③，而万物之理各以类相动也。

【注释】

①应——音硬。下同。　②和——音贺。　③分——音份。

【译解】

凡是奸邪的声音感动人们时，人们就以悖逆的心气应和，悖逆的心气成为形象，淫乐就兴起来了。纯正的声音感动人们时，人们就以和顺的心气应和，和顺的心气成为形象，和乐就兴起来了。一唱一和必有反应，邪僻曲直各自归入善恶的分限，万物的情理原都是同类相互呼应、触动的。

7·25　是故君子反情以和其志，比类以成其行，奸声乱色不留聪明，淫乐慝礼不接心术，惰慢邪僻之气不设于身体①，使耳目鼻口心知百体皆由顺正以行其义②。

【注释】

①僻——音譬，通僻。　②知——同智。

【译解】

所以君子收敛情欲从而调和自己的心志，比附善类从而成全自己的德行，奸邪淫乱的声色不让经耳过目，淫乐秽礼不让接触思路，怠惰、骄慢、邪僻的习气不让附加于身体，使自己的耳目鼻口、思想以及全身各处，都由顺正方向来实行合乎道义的举措。

7·26　然后发以声音，而文以琴瑟，动以干戚，饰以羽旄，从以箫管，奋至德之光，动四气之和，以著万物之理。是故清明象天，广大象地，终始象四时，周还象风雨①，五色成文而不乱，八风从律而不奸。百度得数而有常，小大相成，终始相生，倡和清浊②，迭相为经。故乐行而伦清，耳目聪明，血气和平，移风易俗，天下皆宁。

【注释】

①还——同旋。　　②和——音贺。

【译解】

然后用声音来抒发，用琴瑟来表现，用盾牌、斧钺来舞蹈，用雉鸡翎、牦牛尾来装饰，用箫管来伴奏。发扬最高德性的光辉，调动阴阳刚柔四气的和谐性，来昭示万物之理。因此，这种正乐清明像天，广大像地，终而复始像四时，周旋回转像风雨。这种正乐，五色缤纷形成文彩而有条不紊，金石丝竹革木土匏八音依从音律协奏而不相干扰，一切律度都得当而有常规，大小音调相辅相成，前后乐章相续相生，有唱有和，有清有浊，交替为基调，变化无穷。所以这种正乐一经流行，人伦之道从而大清，它能使人耳目聪明，血气和平，它能移风易俗，使普天之下都得到安宁。

7·27　故曰："乐者，乐也①。"君子乐得其道，小人乐得其欲。以道制欲，则乐而不乱；以欲忘道，则惑而不乐。是故君子反情以和其志，广乐以成其教。乐行而民乡方②，可以观德矣。德者，性之端也。乐者，德之华也。金石丝竹，乐之器也。诗，言其志也。歌，咏其声也。舞，动其容也。三者本于心，然后乐器从之。是故情深而文明，气盛而化神，和顺积中而英华发外，唯乐不可以为伪。

【注释】

①乐者乐也——上乐音岳。下乐音勒，下同。　②乡——通向。

【译解】

老话说："音乐就是娱乐。"不过，君子的娱乐在于得到道德的提高，小人的娱乐在于得到情欲的满足。用道德制约情欲，那么就能享受娱乐而不至于淫乱；为了满足情欲而忘记道德，那么就会被声色迷惑而得不到真正的娱乐。因此，君子抑止情欲而调和自己的心志，推广正乐借以完成它的教育作用。乐教推行，从而人民归向正道，可以观看到德教的成效了。德是人性的根本，乐是德的花朵，金石丝竹是乐的器具。诗是表达人们志趣的，歌是吐露人们心声的，舞是用动作表现仪容姿态的。诗、歌、舞三者都是本自人的内心，然后乐器随从伴奏。因此感情深厚而形象鲜明，气势旺盛而出神入化。和顺的精神厚积在心中，绚丽的光彩才能迸发在外面，唯有音乐是不可以作伪的。

7·28　乐者，心之动也。声者，乐之象也。文彩节奏，声之饰也。君子动其本，乐其象，然后治其饰。是故先鼓以警戒，三步以见方①，再始以著往，复乱以饬归②，奋疾而不拔，极幽而不隐，独乐其志③，不厌其道，备举其道，不私其欲。是故情见而义立，乐终而德尊，君子以好善④，小人以听过。故曰："生民之道，乐为大焉。"

【注释】

①见——现的本字。下同。　②饬——音翅。　③乐——音勒。　④好——音浩。

【译解】

音乐出自内心的感动，声音是音乐的表象，文彩节奏是声音的装饰。君子创作音乐，先从内心所受的感动这个根本出发，再用音乐手法形成表象，然后对这表象进行加工修饰。反映武王伐纣的《大武舞》，首先击鼓警戒舞蹈人员注意，三次踏步表示队伍出发，第一章舞毕，再度开始起舞，来表明军队再次前往出征，又通过乐舞的末章来表现胜利的军队整饬而归。舞列的动作极其迅速而不偏斜，乐曲极为幽深而不隐晦。整个乐舞，表现了武王欣悦于志愿的实现，又不损害仁义之道；完备地实行了仁义之道，且不放任个人私欲。因此《大武舞》体现感情的同时又确立了道义，乐曲告终的同时也显出了道德的崇高。欣赏这样的乐舞，君子会更加好善，小人会省察自己的过错。所以有这样的话："养民之道，音乐是重大的事项。"

7·29 乐也者，施也。礼也者，报也。乐，乐其所自生^①，而礼反其所自始^②。乐章德，礼报情、反始也。

【注释】

①乐——音勒。　②反——通返。

【译解】

乐贵感人，乐有施予的性质；礼尚往来，礼有报答的性质。乐，歌颂今天自己生活的时代、环境；而礼，追念往昔先人生活的本始。作乐是为了彰明德性，制礼是为了报答恩情、追念本始。

7·30　所谓大辂者^①，天子之车也。龙旂九旒^②，天子之旌也^③。青黑缘者，天子之宝龟也。从之以牛羊之群，则所以赠诸侯也。

【注释】

①辂——音路。　②旂——音奇。　旒——音流。　③旌——音京。

【译解】

所谓大辂，本是天子的车。龙旂附有九个飘带，本是天子使用的旗帜。边甲呈青黑色，本是天子的宝龟。随从着成群的牛羊，这些都是天子用来答报有功诸侯的赠品。

7·31　乐也者，情之不可变者也。礼也者，理之不可易者也。乐统同，礼辨异。礼乐之说，管乎人情矣。穷本知变，乐之情也；著诚去伪，礼之经也。礼乐偩天地之情①，达神明之德，降兴上下之神，而凝是精粗之体，领父子君臣之节。

【注释】

①俍——音副。

【译解】

乐反映内心的感情，这种感情是不可以改变的。礼反映社会的伦理，这种伦理是不可以移换的。乐的功用在于统一、协同人们的情感，礼的功用在于辨别身份的差异，礼乐的学说包涵着人情。穷究人们的本心，通晓声音的变化，这是乐的实质；显明诚敬，除去虚伪，这是礼的原则。礼乐顺从天地的情理，通达神明的恩德，升降上下的神祇，而凝结成这种精妙义蕴与繁缛表现手段相结合的体式，统理着父子、君臣间的法度。

7·32　是故大人举礼乐，则天地将为昭焉。天地䜣合①，阴阳相得，煦妪覆育万物②，然后草木茂，区萌达③，羽翼奋，角䤩生④，蛰虫昭苏⑤，羽者妪伏⑥，毛者孕鬻⑦，胎生者不殰⑧，而卵生者不殈⑨，则乐之道归焉耳。

【注释】

①䜣——音西。　　②煦——音许。　妪——音玉。　　③区——音沟，通勾。　　④角——音决。　䤩——音格。　　⑤蛰——音折。　　⑥妪——音玉。　伏——音复。　　⑦鬻——音玉，通育。　　⑧殰——音读。　　⑨殈——音序。

【译解】

所以圣人兴举礼乐，那天地的情理就将为之昭著。天地之气欣然交合，阴阳相得，化育抚养万物，于是草木茂盛，蜷曲的萌芽破土而出，飞禽奋起羽翼，走兽长出犄角，冬眠的虫类苏醒，鸟类孵卵育雏，兽类怀孕生子，胎生的不流产，卵生的不破裂，而乐的精神正归属于这种天地和合、万物各得其所的境界哩！

7·33　乐者，非谓黄钟、大吕、弦歌、干扬也，乐之末节也，故童者舞之。铺筵席①，陈尊俎，列笾豆，以升降为礼者，礼之末节也，故有司掌之。乐师辨乎声诗，故北面而弦；宗祝辨乎宗庙之礼，故后尸；商祝辨乎丧礼，故后主人。是故德成而上，艺成而下，行成而先，事成而后。是故先王有上有下，有先有后，然后可以有制于天下也。

【注释】

①铺——音扑。　筵——音延。

【译解】

所谓乐，并非仅指黄钟、大吕等乐律、弹弦歌唱、执盾舞蹈而言，这些不过是乐的末节，所以少年就能歌舞。铺设筵席，陈置酒罇肉俎，摆列竹笾木豆，以升堂降阶作为礼仪的，这些都是礼的末节，所以让有关执事人员掌管。乐师清楚地懂得声律诗歌，因属末节，所以只能在下位面朝北向人演奏。宗祝清楚地懂得宗庙祭祀的礼节，因属末节，所以只能站在象征受祭神灵之人的后面赞助。熟悉商礼的商祝，清楚地懂得丧礼，因属末节，所以只能站在主人的后面辅导。由此可知，道德方面有成就的人应该处在上位，技艺方面有成就的人应该处在下位；品行方面有成就的人应该位居于前，事务方面有成就的人应该位居于后。因此，先王通晓天地万物有上下先后的道理，然后才可以制礼作乐，推行于天下。

7·34 魏文侯问于子夏曰："吾端冕而听古乐，则唯恐卧；听郑卫之音，则不知倦。敢问古乐之如彼何也？新乐之如此何也？"子夏对曰："今夫古乐，进旅退旅，和正以广；弦匏笙簧①，会守拊鼓②；始奏以文，复乱以武；治乱以相③，讯疾以雅；君子于是语，于是道古，修身及家，平均天下。此古乐之发也。今夫新乐，进俯退俯，奸声以滥，溺而不止；及优侏儒④，獶杂子女⑤，不知父子；乐终，不可以语，不可以道古。此新乐之发也。今君之所问者乐也，所好者音也⑥。夫乐者，与音相近而不同。"

【注释】

①匏——音袍。　②拊——音府。　③相——音象。
④儒——音如，同儒。　⑤獶——音挠，又音优，同猱。
⑥好——音浩。

【译解】

魏文侯问子夏说："我身穿玄端礼服，头戴玄冕，聆听古乐，就唯恐睡着。听郑卫两国的新乐时，就不知道疲倦。请问古乐为什么会让我那样，新乐又为什么叫我这样呢?"子夏回答说："现在演奏的古乐，舞列同进同退，动作严整，舞曲和平中正而情境宽广；琴瑟笙簧等管弦乐器，都会合、遵守拊(拍打节乐的填糠皮囊)和鼓的节拍；开始演奏时击鼓，乐曲结束时鸣铙(铃状有柄无舌的打击乐器)，用相(即拊)调节最后的乐章，用雅(筒状的打击乐器)督导快速的舞步；演奏结束，君子们在那里谈论，在那里称道古代事迹，有助于修身齐家治国平天下。这些都是由古乐引发的。现在演奏的新乐，舞蹈人员进也哈着腰，退也哈着腰，乐曲邪恶又放荡，使人沉溺而不能自控；加上优伶、侏儒，男女混杂，不知父子尊卑的礼义；乐曲结束了，既不能供人座谈，也不能通过它称述古代事迹。这些都是由新乐引发的。现在您所问的是音。乐和音只是相近，其实是不相同的。"

7·35　文侯曰："敢问何如?"子夏对曰："夫古者天地顺而四时当①，民有德而五谷昌，疾疢不作而无妖祥②，此之谓大当。然后圣人作，为父子君臣，以为纪纲，纪纲既正，天下大定；天下大定，然后正六律，和五声，弦歌《诗》《颂》。此之谓德音，德音之谓乐。《诗》云:'莫其德音，其德克明。克明克类，克长克君。王此大邦③，克顺克俾④。俾于文王，其德靡悔。既受帝祉⑤，施于孙子⑥。'此之谓也。今君之所好者，其溺音乎?"

【注释】

①当——音宕。　②疾——音趋。　③王——音旺。
④俾——音笔。郑玄云："俾当为比。"下同。　⑤祉——音止。
⑥施——音益。

【译解】

魏文侯说："请问这是怎么回事？"子夏回答说："古代的时候，天地和顺，四时得当，人民有德，五谷丰登，不发生疾疫，不出现怪异，这就叫做大顺当。然后圣人兴起，制定父子、君臣的名分，作为人际关系的纲常。纲常端正之后，天下就大大安定了。天下大定了，然后就考正黄钟、太蔟、姑洗、蕤宾、夷则、无射六种乐律，调和宫、商、角、徵、羽五声，弹奏歌唱《诗》《颂》，这就叫做德音，德音才能称作乐。《诗经·皇矣》篇中说：'王季静穆的德音，他的美德能够是非分明。能够是非分明，能够善恶分清；能够充当官长，能够作为国君。统治这块广大的国土，能够顺依百姓，能够择善而从。及至文王继位，他的德行没有遗憾悔恨。不但受到上帝的赐福，并且施及他的子孙。'说的就是这种德音。现在您所爱好的，大概是那些使人消沉迷惑的溺音吧！"

7·36　文侯曰："敢问溺音何从出也？"子夏对曰："郑音好滥淫志①，宋音燕女溺志，卫音趋数烦志②，齐音敖辟乔志③。此四者，皆淫于色而害于德，是以祭祀弗用也。《诗》云：'肃雍和鸣，先祖是听。'夫肃肃，敬也。雍雍，和也。夫敬以和，何事不行？为人君者，谨其所好恶而已矣。君好之，则臣为之；上行之，则民从之。《诗》云：'诱民孔易。'此之谓也。然后圣人作为鞉、鼓、椌、楬、壎、篪④，此六者，德音之音也。然后钟、磬、竽、瑟以和之，干、戚、旄、狄以舞之。此所以祭先王之庙也，所以献、酬、酳、酢也⑤，所以官序贵贱各得其宜也，所以示后世有尊卑长幼之序也。钟声铿⑥，铿以立号，号以立横⑦，横以立武。君子听钟声，则思武臣。石声磬⑧，磬以立辨，辨以致死。君子听磬声，则思死封疆之臣。丝声哀，哀以立廉，廉以立志。君子听琴瑟之声，则思志义之臣。竹声滥⑨，滥以立会，会以聚众。君子听竽笙箫管之声，则思畜聚之臣⑩。鼓鼙之声讙⑪，讙以立动，动以进众。君子听鼓鼙之声，则思将帅之臣。君子之听音，非听其铿锵而已也，彼亦有所合之也。"

【注释】

①好——音浩。　②趋——音促。　数——音速。　③敖——通傲。　僻——通僻。　乔——通骄。　④鞉——音桃。椌——音腔。　楬——音洽。　壎——音勋，通埙。　篪——音池。⑤酳——音印。　酢——音作。　⑥铿——音坑。　⑦横——音逛。　⑧磬——音罄。下同。　⑨滥——音览。下同。⑩畜——音旭，通蓄。　⑪鼙——音皮。　讙——音欢。下同。

【译解】

魏文侯说："请问溺音是从何而出的呢?"子夏回答说："郑国的音调放荡，使人心志淫邪；宋国的音调柔媚，使人心志沉溺；

卫国的音调急促，使人心志烦乱；齐国的音调傲慢怪僻，使人心志骄肆。这四种音乐都侧重于色情而有害于道德，所以祭祀当中是不使用的。《诗经·有瞽》篇中说：'肃穆而雍和的合奏，才是先祖要听的乐声。'所谓肃，就是诚敬的意思；所谓雍，就是祥和的意思。能够诚敬祥和，还有什么事情不能实行呢！做国君的要谨慎地对待自己的好恶就是了。国君喜好什么，臣下就做什么；上面怎样行事，百姓就跟着去做。《诗经·板》篇中说：'诱导人民很容易。'说的就是这个意思。然后圣人制作鞉（带柄小鼓）、鼓、椌（即柷，打击乐器，形如方桶，乐开始时，先用小槌敲击左右桶壁）、楬（即敔，木制伏虎，背上刻二十七个锯齿，乐结束时，用长尺速掠木齿而众音止）、埙（吹奏乐器，大如鹅卵，上尖下平中空，顶上一孔，前四孔，后二孔）、篪（吹奏乐器，形如笛，横吹），这六种都是能发出德音的乐器。然后用钟、磬、竽、瑟来和奏，执干（盾牌）、戚（斧钺）、旄（牦牛尾）、狄（山鸡尾）来舞蹈。这些诚敬祥和的音乐，可以用于先王宗庙的祭礼当中，可以用于包括献酒、酬酒、安食酒、回敬酒等仪节的宾礼当中，可以用来区分官职高低、身份贵贱，使之各得其宜，可以用来昭示后世，使人们懂得尊卑长幼的次序。钟声铿锵，铿锵的声音可以作为号令，号令一出使人精神振奋饱满，精神振奋饱满就能够建立武功，所以君子听到钟声就会联想起武臣。石磬的声音刚劲，刚劲的声音令人树立明辨是非善恶的品格，明辨是非善恶就能够尽忠效死，所以君子听到磬声就会联想起死守边疆的忠臣。丝弦的声音悲哀，悲哀的声音令人心地廉直，廉直就能立志行义，所以君子听到琴瑟的声音，就会联想起立志行义的臣下。竹管的声音收拢，收拢的声音能够树立会合意识，有了会合意识就能够团结民众，所以君子听到笙管笛箫的声音，就会联想起容民亲众的臣下。大鼓小鼓的声音喧腾，喧腾的声音能够鼓动人心，群情激动就可以奋勇前进，所以君子听到鼓鼙的声音，就会联想起善于统率军队的将帅。总之，君子聆听音乐，并非只聆听铿锵的声音而已，那各种音调也总有与自己的思想意识合拍的东西。"

7·37　宾牟贾侍坐于孔子，孔子与之言，及乐，曰："夫《武》之备戒之已久，何也？"对曰："病不得其众也。""咏叹之，淫液之，何也？"对曰："恐不逮事也。""发扬蹈厉之已蚤①，何也？"对曰："及时事也。""《武》坐，致右宪左②，何也？"对曰："非《武》坐也。""声淫及商，何也？对曰："非《武》音也。"子曰："若非《武》音，则何音也？"对曰："有司失其传也。若非有司失其传，则武王之志荒矣。"子曰："唯。丘之闻诸苌弘③，亦若吾子之言是也。"

【注释】

①蚤——通早。下同。　②宪——音宣。郑玄云："宪读为轩。"　③苌——音常。

【译解】

宾牟贾陪同孔子坐着，孔子跟他谈话，涉及到乐舞，孔子提问："那《武舞》开始前长时间的击鼓警戒，这是什么意思？"宾牟贾回答说："这是表现周武王出兵伐纣前忧虑得不到士众的拥护，需要长时间地准备。"孔子问："长声咏叹，连绵不绝，又是什么意思呢？"宾牟贾回答说："这是表现武王担心诸侯不能及时到达，失去战机。"孔子又问："战舞一开始就迅速激烈地手舞足蹈，这是什么意思呢？"宾牟贾回答说："这象征及时地发起军事行动。"孔子又问："《武舞》中的跪，为什么只跪右腿而支起左腿？"宾牟贾回答说："这不是《武舞》中的跪法。"孔子又提问："《武舞》的声乐过度地涉及充满杀气的商调，这是为什么？"宾牟贾回答说："这不是《武舞》应有的音调。"孔子又问："如果不是《武舞》的音调，那该是什么音调？"宾牟贾回答说："这是乐官们传授的失误。如果不是乐官们传授失误，那岂不是说武王的心志迷乱了。"孔子说："是的。我以前从周大夫苌弘那里听到的，也像你说的一样。"

7·38 宾牟贾起，免席而请曰："夫《武》之备戒之已久，则既闻命矣。敢问迟之迟而又久，何也？"子曰："居，吾语女①。夫乐者，象成者也。揔干而山立②，武王之事也。发扬蹈厉，大公之志也③。《武》乱皆坐，周、召之治也④。且夫《武》，始而北出，再成而灭商，三成而南，四成而南国是疆，五成而分⑤，周公左，召公右，六成复缀，以崇天子。夹振之而驷伐⑥，盛威于中国也。分夹而进，事蚤济也。久立于缀，以待诸侯之至也。且女独未闻牧野之语乎？武王克殷反商⑦，未及下车而封黄帝之后于蓟⑧，封帝尧之后于祝，封帝舜之后于陈；下车而封夏后氏之后于杞⑨，投殷之后于宋，封王子比干之墓，释箕子之囚，使之行商容而复其位⑩。庶民弛政，庶士倍禄。济河而西，马散之华山之阳而弗复乘⑪，牛散之桃林之野而弗复服，车甲衅而藏之府库而弗复用⑫，倒载干戈，包之以虎皮，将帅之士使为诸侯，名之曰建櫜⑬。然后天下知武王之不复用兵也。散军而郊射，左射《貍首》⑭，右射《驺虞》⑮，而贯革之射息也。裨冕搢笏⑯，而虎贲之士说剑也⑰。祀乎明堂，而民知孝。朝觐⑱，然后诸侯知所以臣。耕藉⑲，然后诸侯知所以敬。五者天下之大教也。食三老五更于大学⑳，天子袒而割牲，执酱而馈㉑，执爵而酳，冕而揔干，所以教诸侯之弟也㉒。若此，则周道四达，礼乐交通，则夫《武》之迟久不亦宜乎！"

【注释】

①语——音玉。　女——通汝。下同。　②揔——同总。

③大——通太。　④召——音邵。　⑤五成而分——《史记·乐书》"分"字下尚有"陕"字。　⑥驺——郑玄云："驺当为四。"

⑦反——郑玄云："反当为及，字之误也。"　⑧蓟——音纪。

⑨杞——音起。　⑩行——音杏。　⑪华——音化。　乘——音成。　⑫衅——音信。　⑬建——郑玄云："建读为键。"櫜——音高。　⑭貍——音离。　⑮驺——音邹。　⑯裨——音皮。　搢——音晋。　⑰贲——音奔。　说——音托，通脱。

⑱觐——音劲。　⑲藉——音吉。　⑳食——音嗣。　大——通太。　㉑馈——音愧。　㉒弟——音替，通悌。

【译解】

宾牟贾站起,离开席位,向孔子请教说:"那《武舞》开始前长时间击鼓警戒的准备活动,已经承您提问,领教过了。请问舞人站在舞位,长久地等待,这是什么意思呢?"孔子说:"请坐,我来告诉你。乐舞是象征已经成功的事业的。手执盾牌,如山般地屹立,象征武王的稳重从事。忽然迅速激烈地手舞足蹈,犹如投入战斗,这表现姜太公的雄心壮志。《武舞》的末章,演员全体整齐跪坐,这反映偃武修文,周公姬旦、召公姬奭共同辅政的治绩。再说《武舞》的章节,第一章表示武王出师北上,第二章表示武王灭商,第三章表示武王领兵南下,第四章表示开拓南方疆土,第五章表示以陕县为界,分中国为两部,周公治理东方,召公治理西方。第六章演员都回到原来舞位,表示诸侯会聚京都,尊崇天子。表演当中武王与大将夹着队伍振动金铎,战士们手执戈矛随着节奏,每回进行四次击刺(一击一刺为一伐,每回四伐),显示了周武王的军队威震中国。继而又分列前进,表示战事早已成功,由周公、召公分治全国。至于最初,扮演战士的演员们停在原位歌舞,久不移动,那就是表示武王等待各路诸侯前来会师。再说,你难道就没有听过牧野战役的传说吗?武王打败殷王纣,驾临商都。还没等下车,就分封黄帝的后裔去统治蓟地,分封帝尧的后裔去统治祝地,分封帝舜的后裔去统治陈地。下车之后,又分封夏禹的后裔去统治杞地,将殷商的后裔迁徙到宋地。增修王子比干的墓地,释放被囚禁的箕子,让他看望商容并恢复商容的官职。为民众废除旧时的苛政,给官吏成倍地增加俸禄。接着渡河而西行,将驾车的战马都散放在华山的南面而不再乘用，将拉辎重的牛都散放在桃林的原野而不再驱使；将战车、铠甲涂上牲血而收藏于府库，不再使用；将盾牌、矛戈倒放着，用虎皮包扎起来；将带兵的将帅封为诸侯：总称之为"键橐"——封存战备。这样一来，天下的人就知道周武王不再用兵打仗了。然后解散军队而在郊区学宫举行射礼，在东郊学宫习射的时候，奏《貍首》乐章来节射，在西郊学宫习射的时候，奏《驺虞》乐章来节射，从而停止了贯穿铠甲的射击；身穿礼服，头戴玄冕，腰插笏版，从而勇猛如虎的战士就解除了佩剑；在明堂祭祀上帝而以文王配享，从而民众懂得了孝道；定期朝见天子，然后诸侯知道了如何做臣；天子初春在专供祭祀用粮的藉田中举行耕种仪式，然后诸侯就知道了如何敬奉祖先。以上五件事，就是天下的重大政教。定期在大学举行食礼，隆重接待从退休官员中选出年高德劭的三老、五更各一人，天子亲自袒露左臂而切割牲肉，捧着盛酱的木豆，请他们食用，食毕，天子亲自执酒爵请他们净口安食，亲自头戴冠冕，手执盾牌，舞蹈慰问，这个典礼是用以教导诸侯懂得敬老的道理。像这样，周朝的政教就畅达四方，礼乐各处通行。那么，表现这种文治武功的《武舞》，占用很长时间，不也是理所应该的吗？"

7·39 君子曰：礼乐不可斯须去身。致乐以治心，则易直子谅之心油然生矣[1]。易直子谅之心生则乐[2]，乐则安，安则久，久则天，天则神。天则不言而信，神则不怒而威，致乐以治心者也。致礼以治躬则庄敬，庄敬则严威。心中斯须不和不乐，而鄙诈之心入之矣。外貌

斯须不庄不敬，而易慢之心入之矣。故乐也者，动于内
者也。礼也者，动于外者也。乐极和，礼极顺，内和而
外顺，则民瞻其颜色而弗与争也，望其容貌而民不生易
慢焉。故德辉动于内而民莫不承听③，理发诸外而民莫不
承顺。故曰：致礼乐之道，举而错之，天下无难矣。

【注释】

①子——音磁，通慈。　②乐——音勒。下同。　③辉——
音灰。

【译解】

君子说：礼乐片刻也不能离开身心。通过致力于乐来调理心
灵，那么，平易、正直、慈爱、诚信的心态就自然而然地产生
了。平易、正直、慈爱、诚信的心态产生了，就能心情和乐。心
情和乐了，心里就能安定舒畅。心里安定舒畅了，性命就能长
久。性命长久了，就能合乎天道。合乎天道了，就能通乎神明。
合乎天道就能不言而信，通乎神明就能不怒而威。致力于乐就是
用以调理心灵的。致力于礼来调理身形举止，那么态度就会端庄
恭敬。态度端庄恭敬了，就会显得气度威严。心中只要有片刻不
和不乐，那么卑鄙欺诈的念头就会乘虚而入了。外貌只要有片刻
不庄不敬，那么轻易怠慢的念头就会乘虚而入了。所以，乐是活
动于内心的，礼是发动于外貌的。乐的极致是和悦，礼的极致是
恭顺，内心和悦而外貌恭顺，那么，人们只要看到他的脸色，就
不跟他相争了；只要望见他的容貌，就不会对他产生轻忽怠慢的
心思了。因此，道德的光辉焕发自内心，而人们就没有不听受

的；情理体现在外表，而人们就没有不顺从的。所以说，致力于礼乐的道理，提出措施推行，那天下就没有什么难事了。

7·40　乐也者，动于内者也。礼也者，动于外者也。故礼主其减，乐主其盈。礼减而进，以进为文；乐盈而反，以反为文。礼减而不进则销，乐盈而不反则放，故礼有报而乐有反。礼得其报则乐，乐得其反则安。礼之报，乐之反，其义一也。

【译解】

乐是活动于内心的，礼是发动于外貌的。所以礼侧重谦让收敛，乐侧重丰满充盈。礼谦让收敛而又能勉力进行，以勉力进行为善；乐丰满充盈而又能反躬自制，以反躬自制为善。礼一味谦让收敛而不能勉力进行，那么礼就会导至消亡；乐一味丰满充盈而不能反躬自制，那么乐就会流于放纵。故此礼有勉力答报的因素，而乐有反躬自制的因素。礼能够勉力答报，那么就会产生和悦；乐能够反躬自制，那么就会获得安适。礼的勉力答报与乐的反躬自制，从心安理得方面来讲，其意义是一致的。

7·41　夫乐者，乐也，人情之所不能免也。乐必发于声音，形于动静，人之道也。声音动静，性术之变尽于此矣。故人不耐无乐①，乐不耐无形。形而不为道，不耐无乱。先王耻其乱，故制《雅》《颂》之声以道之②，使其声足乐而不流，使其文足论而不息，使其曲直、繁瘠、

廉肉、节奏足以感动人之善心而已矣③，不使放心邪气得
接焉。是先王立乐之方也。

【注释】

　①耐——通能。下同。　②道——通导。　③繁瘠——《荀
子·乐论》、《史记·乐书》并作"繁省"，义长。

【译解】

　所谓乐就是快乐，是人情所不能避免的。人有了快乐，必定
通过声音抒发，通过动作表现，这是人性的自然之道。声音动作
把人的性情、心理的变化完全表达出来了。所以人不能没有快
乐，快乐不能没有表现形式；表现形式不得其道，就不能不淫
乱。先王厌恶这种淫乱，所以制定《雅》《颂》的声乐来加以引导，
使它的声音足以供人快乐而不流于放纵，使它的文辞足以供人讨
论而不至于无话可说，使它的曲折或平直、繁富或简约、瘦硬或
丰满的节奏足以感动人们的善心就行了，不让放荡、邪恶的念头
接触人心，这就是先王制定音乐的方针。

　7·42　是故乐在宗庙之中，君臣上下同听之则莫不
和敬；在族长乡里之中，长幼同听之则莫不和顺；在闺
门之内，父子兄弟同听之则莫不和亲。故乐者，审一以
定和，比物以饰节①，节奏合以成文，所以合和父子君
臣、附亲万民也。是先王立乐之方也。

【注释】

　①比——音必。

【译解】

因此先王的音乐在宗庙之中演奏，君臣上下一同聆听，就没有不和洽诚敬的；在宗族乡里中演奏，长幼老少一同聆听，就没有不和洽恭顺的；在家庭闺门之内演奏，父子兄弟一同聆听，就没有不和洽亲爱的。因为这种音乐，审明一个感情基调，来确定乐曲前后的应和，配合各种乐器来装饰节奏，组合节奏而构成完整的文艺形式。用它来融洽调和父子、君臣的感情，使万民亲附，这就是先王制乐的方针。

7·43　故听其《雅》《颂》之声，志意得广焉。执其干戚，习其俯仰诎伸①，容貌得庄焉。行其缀兆②，要其节奏③，行列得正焉④，进退得齐焉。故乐者，天地之命⑤，中和之纪，人情之所不能免也。

【注释】

①诎——通屈。　②缀——音坠。　③要——音邀。④行——音杭。　⑤天地之命——"命"，《荀子·乐论》、《史记·乐书》并作"齐"。义长。

【译解】

所以聆听《雅》《颂》的乐声，会使人的心胸得以宽广；手执那盾、斧之类的舞具，演习俯仰屈伸的姿势，从而容貌得以端庄；行走在舞列中舞位上，趁着节奏，会使人们在行列里能够端正，进退行动能够整齐。所以说，乐是天地和合之道的表现，中和之气的条理化，人情之所不能缺少的。

7·44 夫乐者，先王之所以饰喜也。军旅铁钺者①，先王之所以饰怒也。故先王之喜怒皆得其侪焉②。喜则天下和之，怒则暴乱者畏之。先王之道，礼乐可谓盛矣。

【注释】

①铁——同斧。 钺——音越。 ②侪——音柴。

【译解】

所谓乐，就是先王用以彰明喜悦的；军旅和斧钺，是先王用以彰明愤怒的。所以先王的喜怒都能得到相类的反应。他欢喜的时候，天下的百姓就跟着和悦；他愤怒的时候，暴乱的人们就因而畏惧。先王的治国之道，在礼乐方面可以说是相当隆盛的了。

7·45 子赣见师乙而问焉，曰："赐闻声歌各有宜也。如赐者宜何歌也?"师乙曰："乙，贱工也，何足以问所宜。请诵其所闻，而吾子自执焉。爱者宜歌《商》。温良而能断者，宜歌《齐》。夫歌者，直己而陈德也，动己而天地应焉，四时和焉，星辰理焉，万物育焉。故《商》者，五帝之遗声也。宽而静，柔而正者，宜歌《颂》；广大而静，疏达而信者，宜歌《大雅》；恭俭而好礼者，宜歌《小雅》；正直而静，廉而谦者，宜歌《风》。肆直而慈爱，商之遗声也，商人识之，故谓之《商》。《齐》者，三代之遗声也，齐人识之，故谓之《齐》。明乎商之音者，临事而屡断；明乎齐之音者，见利而让。临时而屡断，勇也。见利而让，义也。有勇有义，非歌孰能保此？故歌者，上如抗，下如队，曲如折，止如槁木，倨中矩，句中钩，累累乎端如贯珠。故歌之为言也，长言之也。说之，故言之；言之不足，故长言之；长言之不足，故嗟叹之；嗟叹之不足，故不知手之舞之、足之蹈之也。"《子贡问乐》。

按：此段中自"爱者宜歌商"至"商人识之故谓之商"，有错简及衍文。今据《史记·乐书》、郑玄《礼记注》移正删定如下，然后译解。

子赣见师乙而问焉①，曰："赐闻声歌各有宜也。如赐者宜何歌也？"师乙曰："乙，贱工也，何足以问所宜。请诵其所闻，而吾子自执焉。宽而静，柔而正者，宜歌《颂》；广大而静，疏达而信者，宜歌《大雅》；恭俭而好礼者②，宜歌《小雅》；正直而静，廉而谦者③，宜歌《风》；肆直而慈爱者，宜歌《商》；温良而能断者，宜歌《齐》。夫歌者④，直己而陈德也，动己而天地应焉，四时和焉，星辰理焉，万物育焉。故《商》者，五帝之遗声也，商人识之⑤，故谓之《商》；《齐》者，三代之遗声也，齐人识之，故谓之《齐》。明乎《商》之音者，临事而屡断；明乎《齐》之音者，见利而让。临事而屡断，勇也；见利而让，义也。有勇有义，非歌孰能保此？故歌者上如抗，下如队⑥，曲如折，止如槁木⑦，倨中矩⑧，句中钩⑨，累累乎端如贯珠⑩。故歌之为言也，长言之也。说之⑪，故言之；言之不足，故长言之；长言之不足，故嗟叹之⑫；嗟叹之不足，故不知手之舞之、足之蹈之也。——《子贡问乐》。

【注释】

①赣——通贡。　②好——音浩。　③正直而静，廉而谦者——《史记·乐书》作"正直清廉而谦者"。　④夫——音扶。⑤识——音至，通志。下同。　⑥队——音缀，同坠。　⑦槀——音稿，同槁。　⑧倨——音巨。　中——音仲。下同。　⑨句——音沟。　⑩累——音雷。　⑪说——音月，通悦。　⑫嗟——音撒。

【译解】

子贡去见师乙，向他讨教，说："我听说唱的歌要适合各自的性格，像我端木赐这样性格的人，应该唱什么歌呢?"师乙说："我是个微贱的乐工，怎么配让您来垂询该唱什么歌曲。请允许我陈述我所听到的知识，您自己拿主意吧！听说宽厚而文静、温柔而端正的人，适合歌唱《周颂》；心胸广大而沉静、开朗通达而诚信的人，适合歌唱《大雅》；恭慎俭朴而好礼的人，适合歌唱《小雅》；正直而安静、清廉而谦逊的人，适合歌唱《国风》；直率而慈爱的人，适合歌唱《商颂》；温良而能决断的人，适合歌唱《齐风》。唱歌这事就是直接抒发自己情感，敷陈某种品德。歌声感动自己的同时，从而觉得天地响应了，四时调和了，星辰理顺了，万物发育了。由于《商颂》是五帝时遗留下的声调，商人记录

下来，所以称它为《商颂》；《齐风》是三代时遗留下的声调，齐人
记录下来，所以称它为《齐风》。通晓《商颂》的人，遇事常能决
断；通晓《齐风》的人，见利而能推让。遇事常能决断，这是勇
敢；见利而能推让，这是义气。《商颂》中含有临事能断的品格，
《齐风》中含有见利能让的品格，除了这些诗歌，还有什么手段能
将古人的这些品格保留下来呢！唱歌的，嗓音上扬时如同极力高
举，嗓音下放时如同物体坠落，弯曲时如同走路拐角，终止时如
同枯树般的沉寂，硬拐弯时其方整合乎矩尺，软拐弯时其弧度合
乎带钩，音调接连不断好像一串珍珠。原来歌字从语言意义上
讲，就是拖长声音说话。心里欣悦，所以就说出来了；光说还不
够尽兴，所以就拉长声调来说；拉长声调说还不够尽兴，所以就
吁嗟咏叹起来；吁嗟咏叹还不够尽兴，所以就不知不觉地手舞足
蹈起来了。"以上是《子贡问乐》。

经　解[*]

共七章

8·1　孔子曰："入其国，其教可知也。其为人也，温柔敦厚，《诗》教也；疏通知远，《书》教也；广博易良，《乐》教也；絜静精微①，《易》教也；恭俭庄敬，《礼》教也；属辞比事②，《春秋》教也。故《诗》之失愚，《书》之失诬，《乐》之失奢，《易》之失贼，《礼》之失烦，《春秋》之失乱。其为人也，温柔敦厚而不愚，则深于《诗》者也；疏通知远而不诬，则深于《书》者也；广博易良而不奢，则深于《乐》者也；絜静精微而不贼，则深于《易》者也；恭俭庄敬而不烦，则深于《礼》也；属辞比事而不乱，则深于《春秋》者也。"

【注释】

①絜——同洁。　　②属——音主。　比——音必。

【译解】

孔子说:"进入一个国家,对这个国家的教化就可以知晓了。国民们的为人,如果辞气温柔,性情敦厚,那是属于《诗》的教化;如果通达时政,远知古事,那是属于《书》的教化;如果心胸宽广,和易善良,那是属于《乐》的教化;如果安详沉静,推测精微,那是属于《易》的教化;如果谦恭节俭,庄重诚敬,那是属于《礼》的教化;如果善于连属文辞,排比事例,那是属于《春秋》的教化。各种教化节制失宜,掌握不妥,也容易产生各自的偏向。《诗》教的流弊在于愚昧不明,《书》教的流弊在于言过其实,《乐》教的流弊在于奢侈浪费,《易》教的流弊在于迷信害人,《礼》教的流弊在于烦苛琐细,《春秋》教的流弊在于乱加褒贬。为人既能温柔敦厚,又不愚昧不明,那就是深于《诗》教的人了;为人既能通达知远,又不言过其实,那就是深于《书》教的人了;为人既能洁静精微,又不迷信害人,那就是深于《易》教的人了;为人既能恭俭庄敬,又不烦琐苛细,那就是深于《礼》教的人了;为人既能属辞比事,又不乱加褒贬,那就是深于《春秋》教的人了。"

8·2　天子者,与天地参①,故德配天地,兼利万物,与日月并明,明照四海而不遗微小。其在朝廷则道仁圣礼义之序,燕处则听《雅》、《颂》之音②,行步则有环佩之声,升车则有鸾和之音。居处有礼,进退有度,百官得其宜,万事得其序。《诗》云:"淑人君子,其仪不忒③。其仪不忒,正是四国。"此之谓也。

【注释】

①参——通三。　　②处——音杵。　　③忒——音特。

【译解】

天子与天地并列而为三。所以天子的功德比配天地，兼施恩惠于万物，与日月一并发光，明照天下而不遗细小。他在朝廷上，就讲求仁圣礼义的实施次序；闲居时，就聆听《雅》《颂》正音；步行时，身上就有玉环玉佩撞碰的声响；乘车时，车上就有鸾铃、和铃呼应的乐音。居处有一定的礼节，进退有一定的法度，所任百官各得其宜，所做万事各得其序。《诗经·曹风·鸤鸠》篇中说："善人君子，仪态没有差错。仪态没有差错，正确领导四方各国。"说的就是这种情况。

8·3　发号出令而民说谓之和①，上下相亲谓之仁，民不求其所欲而得之谓之信，除去天地之害谓之义。义与信，和与仁，霸王之器也②。有治民之意而无其器，则不成。

【注释】

①说——通悦。　　②王——音旺。

【译解】

发号施令而人民喜悦，这就叫做"和"，上下相亲，这就叫做"仁"，人民尚未提出自己的需求就让他们得到满足，这就叫做"信"，清除天地之间的祸害，这就叫做"义"。义与信，和与仁，这是霸主、王者的工具。有治理人民的心意而没有相应的工具，就不能成功。

8·4 礼之于正国也，犹衡之于轻重也，绳墨之于曲直也，规矩之于方圜也①。故衡诚县②，不可欺以轻重；绳墨诚陈，不可欺以曲直；规矩诚设，不可欺以方圜；君子审礼，不可诬以奸诈。是故隆礼、由礼谓之有方之士，不隆礼、不由礼谓之无方之民，敬让之道也。故以奉宗庙则敬，以入朝廷则贵贱有位，以处室家则父子亲、兄弟和，以处乡里则长幼有序。孔子曰："安上治民，莫善于礼。"此之谓也。

【注释】

①圜——通圆。　②县——悬的本字。

【译解】

礼之用于整治国家，犹如用秤来称量轻重，用墨绳来校正曲直，用圆规、矩尺来做圆画方。所以，只要将秤老老实实地悬起，就不能在轻重上骗人；只要将墨绳老老实实地伸开，就不能在曲直上骗人；只要将圆规和矩尺老老实实地摆设，就不能在方圆上骗人；大人君子深明礼义，就不能用奸诈来骗他。故此，尊崇礼、遵循礼的，就叫做有道义之士；不尊崇礼、不遵循礼的，就叫做无道之人。礼实际上就是敬让之道。所以，据礼奉事宗庙，就会诚敬；据礼进入朝廷，就会贵贱各宜其班位；依礼来处家庭关系，就会父子相亲，兄弟和洽；依礼来处乡里关系，就会长幼有序。孔子在《孝经》中说："安定君上，治理下民，没有比礼更好的了。"说的就是这种情况。

8·5 故朝觐之礼^①，所以明君臣之义也；聘问之礼，所以使诸侯相尊敬也；丧祭之礼，所以明臣子之恩也；乡饮酒之礼，所以明长幼之序也；昏姻之礼^②，所以明男女之别也。夫礼禁乱之所由生^③，犹坊止水之所自来也^④。故以旧坊为无所用而坏之者，必有水败；以旧礼为无所用而去之者，必有乱患。

【注释】

①觐——音进。　②昏——婚的本字。　③夫——音扶。
④坊——音房。

【译解】

所以，诸侯按期朝见天子之礼，是用以表明君臣间的道义的；诸侯与诸侯按期互相聘问之礼，是用以促使诸侯互相尊敬的；居丧、祭祀之礼，是用以表明为臣为子的情分的；乡饮酒之礼，是用以表明长幼顺序的；婚姻之礼，是用以表明男女区别的。用礼来禁断祸乱发生的根由，犹如用堤防阻止洪水的到来一样。所以，如果认为旧堤没用而加以毁坏，必定会有水灾；如果认为旧礼没用而加以废弃，必定会有祸乱。

8·6 故昏姻之礼废，则夫妇之道苦，而淫辟之罪多矣^①。乡饮酒之礼废，则长幼之序失，而争斗之狱繁矣。丧祭之礼废，则臣子之恩薄，而倍死忘生者众矣^②。

聘觐之礼废，则君臣之位失，诸侯之行恶，而倍畔侵陵之败起矣。

【注释】

①辟——音譬，通僻。　　②倍死忘生——王念孙云："'生'当为'先'。《汉书·礼乐志》、《论衡·薄葬》篇均作'倍死忘先'。"倍——通背。

【译解】

因此，如果废弃婚姻之礼，那么夫妻的结合方式就将流于粗滥，从而奸淫邪僻的罪恶必然增多；如果废弃乡饮酒之礼，那么就将失掉长幼的次序，从而争斗的案件必然频繁；如果废弃丧礼和祭礼，那么为臣为子的就将变得寡恩薄情，从而背叛死者、忘记祖先的人必然众夥；如果废弃聘问、朝觐之礼，那么君臣不同的身份就将消失，诸侯的行径就将恶劣，从而背叛、侵略的坏事必然发生。

8·7　故礼之教化也微，其止邪也于未形，使人日徙善远罪而不自知也，是以先王隆之也。《易》曰："君子慎始，差若豪氂①，缪以千里②。"此之谓也。

【注释】

①豪——通毫。　氂——音离，通釐。　　②缪——通谬。

【译解】

所以，礼对教化的作用是隐微的，它能在邪恶尚未形成的时候就加以防止，它能使人们不知不觉地日趋善良、远离罪过。因此，以前的圣王特别重视它。有关《易经》的著作曾说："大人君子慎重地对待开始，开头如有毫釐的差错，往后就会错有千里之远了。"说的正是这个意思。

哀公问*

共七章

9·1 哀公问于孔子曰："大礼何如？君子之言礼，何其尊也？"孔子曰："丘也小人，不足以知礼。"君曰："否。吾子言之也。"孔子曰："丘闻之，民之所由生，礼为大。非礼无以节事天地之神也，非礼无以辨君臣、上下、长幼之位也，非礼无以别男女、父子、兄弟之亲，昏姻、疏数之交也①。君子以此之为尊敬然。然后以其所能教百姓，不废其会节。有成事，然后治其雕镂、文章、黼黻以嗣②。其顺之，然后言其丧箕③，备其鼎俎，设其豕腊④，修其宗庙，岁时以敬祭祀，以序宗族，即安其居，节丑其衣服，卑其宫室，车不雕几⑤，器不刻镂，食不贰味，以与民同利。昔之君子之行礼者如此。"公曰："今之君子胡莫行之也？"孔子曰："今之君子好实无厌⑥，淫德不倦，荒怠敖慢⑦，固民是尽，午其众以伐有道⑧，

_____
*本篇为《礼记》第二十七篇。

求得当欲不以其所⑨。昔之用民者由前，今之用民者由后。今之君子莫为礼也。"

【注释】

①昏——婚的本字。　数——音朔。　②黼——音府。黻——音符。　③筭——同算。　④豕——音史。　腊——音西。　⑤几——音其。　⑥好——音浩。　⑦敖——通傲。　⑧午——通忤。　⑨当——音荡。

【译解】

鲁哀公问孔子说："大礼是怎么样的？君子谈起礼来，为什么把它说得那么尊贵、重要呢？"孔子说："我孔丘是个平凡的小人物，还不够懂礼。"哀公说："不！我的先生，还是请你说说吧。"孔子说："我孔丘听说，人民在生活中该遵循的，礼是最重大的。除非礼，就不能有节制地事奉天地的神灵；除非礼，就不能辨明君臣、上下、长幼的身份地位；除非礼，就不能区别男女、父子、兄弟的亲情以及婚姻亲疏的交际关系；君子因此尊敬、重视这礼。然后尽其所能来教导百姓，不废弃会聚行礼的时节。教导之事有了成效，然后置办雕镂的礼器，绘绣各种色彩图案花纹的礼服，来继续推行礼教。百姓顺应了，然后言明居丧的月数，具备鼎俎之类的祭器，设置生猪、干肉，修建宗庙，按年按季的来虔敬行祭，来按辈分、长幼、亲疏序会宗族。同时在生活方面，安心于自己的居处环境，有节制地穿用衣服，住低矮的宫室，日常乘车不雕饰花纹，生活器物不镂刻图案，每顿饭不吃两味菜肴，来与民众同享物利。从前的大人君子就是这样行礼的。"哀公说："如今的君子为什么没有这样行礼的呢？"孔子说：

"如今的君子，贪好财货而不知满足，过分获取而不知厌倦，荒淫怠惰而态度傲慢，顽固地要刮尽民财，违逆众心地去侵犯有道的国家，为了追求获得，为了满足私欲，不择手段。从前统治民众的君子是依前面所说的行礼，如今统治民众的君子是按后面所说的行事。如今的大人君子，没有肯认真行礼的了。"

9·2　孔子侍坐于哀公。哀公曰："敢问人道谁为大?"孔子愀然作色而对曰①："君之及此言也，百姓之德也，固臣敢无辞而对。人道政为大。"公曰："敢问何谓为政?"孔子对曰："政者，正也。君为正，则百姓从政矣。君之所为，百姓之所从也。君所不为，百姓何从?"公曰："敢问为政如之何?"孔子对曰："夫妇别，父子亲，君臣严。三者正，则庶物从之矣。"公曰："寡人虽无似也，愿闻所以行三言之道，可得闻乎?"孔子对曰："古之为政，爱人为大。所以治爱人，礼为大。所以治礼，敬为大。敬之至矣，大昏为大，大昏至矣。大昏既至，冕而亲迎，亲之也。亲之也者，亲之也。是故君子兴敬为亲，舍敬是遗亲也。弗爱不亲，弗敬不正。爱与敬，其政之本与②!"

【注释】

①愀——音巧。　②与——音鱼。

【译解】

孔子在鲁哀公身旁陪坐。哀公说："请问人生之道何事最为重大?"孔子肃然正色地回答说:"国君您提到这个话题,真是百姓的福分,鄙臣怎敢无辞答对。人生之道,政务最为重大。"哀公说:"请问什么叫做为政?"孔子对答说:"政就是正的意思。国君做得正,百姓就听从政令了。国君的所作所为,就是百姓所随从效法的。国君不作不为的,百姓怎能随从效法?"哀公说:"请问怎么样为政?"孔子对答说:"夫妻有分限,父子相亲爱,君臣相敬重。这三项做得正,那么其他众事也就都能跟着做好了。"哀公说:"寡人虽然不肖,不过,愿意恭听实行这三句话的途径,能够听听么?"孔子回答说:"古代行政,以爱人最为重大。用来做到爱人的,礼最为重大。用来行礼的,敬最为重大。能够尽敬的,以国君的大婚礼最为重大。国君的大婚礼最能尽敬了。婚期既到,国君头戴冠冕,身穿冕服,亲自去迎娶,这是为了亲近她。亲近她,就是亲爱她呀!所以君子兴起敬慕之心为的是和她相亲,舍弃敬心那就丢掉亲爱的诚意了。不爱慕就不能亲密,不尊敬就是不正道。爱和敬,大概就是国政的根本了吧!"

9·3　公曰:"寡人愿有言然。冕而亲迎,不已重乎?"孔子愀然作色而对曰:"合二姓之好,以继先圣之后,以为天地、宗庙、社稷之主,君何谓已重乎?"公曰:"寡人固。不固,焉得闻此言也? 寡人欲问,不得其辞,请少进。"孔子曰:"天地不合,万物不生。大昏,万事之嗣也,君何谓已重焉!"孔子遂言曰:"内以治宗庙之礼,足以配天地之神明;出以治直言之礼,足以立上下之敬。物耻足以振之,国耻足以兴之。为政先礼,礼其政之本与!"孔子遂言曰:"昔三代明王之政,必敬其妻子也有道。妻也者,亲之主也,敢不敬与?子也者,亲之后也,敢不敬与?君子无不敬也,敬身为大。身也者,亲之枝也,敢不敬与?不能敬其身,是伤其亲;伤其亲,是伤其本;伤其本,枝从而亡。三者,百姓之象也。身以及身,子以及子,妃以及妃,君行此三者,则忾乎天下矣①,大王之道也②。如此则国家顺矣。"

【注释】

①忾——音细,通迄。　②大——通太。

【译解】

哀公说:"寡人想插问一句。国君穿戴冕服亲自去迎娶,不太过于隆重了吗?"孔子肃然正色地回答说:"结合两个族姓的婚姻,来接续先代圣王的后嗣,成为天地、宗庙、社稷的主人,国君您怎么说太隆重了呢?"哀公说:"寡人鄙陋。不鄙陋,怎能听到这些话呢!寡人想问,一时找不到适当的措辞,请你再稍作进一步的解释。"孔子说:"天地之气不融合,万物就不能生长。国君大婚,将传后嗣于万世,君主您怎么说冕而亲迎太隆重了呢!"孔子于是接着说:"国君夫妇在内双双主持宗庙的祭礼,可以比配天地的神明;出外主持颁布政令的大礼,可以建立上下的敬心。职事的失误,用礼可以振救;国政的失败,用礼可以复兴。国君施政,以礼为先,礼大概是国政的根本吧!"孔子又接着说:"从前夏商周三代圣主明王的政教,都必定敬重他们的妻和子,这自有道理。妻么,与自己在一起,同是祭祀亡亲的主人,怎敢

不敬重她呢！儿子么，是亡亲的后代，怎敢不敬重他呢！君子处
世无所不敬，而敬重自身更为大事。因为个人的身躯，原是双亲
的分枝，怎敢不自敬自重呢！不能敬重自身，就等于是伤害双
亲。伤害双亲，就是伤害了根本。伤害了根本，那分枝也就从而
枯死了。国君本身与妻、子这三者组成的家庭，也是百姓家庭的
基本模式。国君由敬重自身推及百姓之身，由敬重自己的儿子推
及百姓的儿子，由敬重自己的配偶推及百姓的配偶，国君施行这
三敬教化，就能推广到天下了，这是周代祖先太王的教育路线
哩！这样，整个国家就和顺了。"

9·4　公曰："敢问何谓敬身？"孔子对曰："君子过
言则民作辞，过动则民作则。君子言不过辞，动不过则，
百姓不命而敬恭。如是，则能敬其身；能敬其身，则能
成其亲矣。"

【译解】

哀公说："请问什么叫做敬身？"孔子对答说："君子说错了
话，人民仍然称道他那言辞；君子错误的行动，人民犹且奉为准
则。所以，君子说话没有错误的言辞，行动没有错误的准则，不
用发布命令，百姓就毕恭毕敬了。这样，就能敬重自身了。能够
敬重自身，也就能成就其亲了。"

9·5　公曰："敢问何谓成亲？"孔子对曰："君子也
者，人之成名也。百姓归之名，谓之君子之子，是使其

亲为君子也，是为成其亲之名也已。"孔子遂言曰："古之为政，爱人为大。不能爱人，不能有其身；不能有其身，不能安土；不能安土，不能乐天；不能乐天，不能成其身。"公曰："敢问何谓成身？"孔子对曰："不过乎物。"

【译解】

哀公说："请问什么叫做成就其亲？"孔子对答说："所谓君子，是人的道德成就的美名。百姓送给他的名称，称他是君子之子，这就使他的父亲成为君子了，也就是成就了他父亲的声名了。"孔子接着说："古代颁政施教，总以博爱人群为大事。不能博爱人群，就不能保有自身。不能保有自身，就不能安居乡土。不能安居乡土，就不能乐循天理。不能乐循天理，就不能成就自身。"哀公说："请问什么叫做成就自身？"孔子对答说："行动不要越过事理。"

9·6　公曰："敢问君子何贵乎天道也？"孔子对曰："贵其不已。如日月东西相从而不已也，是天道也。不闭其久，是天道也。无为而物成，是天道也。已成而明，是天道也。"

【译解】

哀公问："请问君子为什么要尊重天道呢？"孔子对答说："尊重它的运动不息。比如日月东西相从而运转不已，这是天道。既不闭基，又能长久，这是天道。无所作为，而万物生成，这是天道。万物既已生成，功绩才从而明著，这是天道。"

9·7　公曰："寡人惷愚冥烦①，子志之心也。"孔子蹴然辟席而对曰②："仁人不过乎物，孝子不过乎物。是故仁人之事亲也如事天，事天如事亲，是故孝子成身。"公曰："寡人既闻此言也，无如后罪何？"孔子对曰："君之及此言也，是臣之福也。"

【注释】

①惷——音冲。　冥——音明。　　②蹴——音醋。　辟——音必，通避。

【译解】

哀公说："寡人愚蠢不明，您心里是知道的。"孔子恭敬不安地离开了席位，对答说："仁人不越过事理，孝子不越过事理。所以，仁人敬奉双亲如同敬奉上天，敬奉上天如同敬奉双亲，所以孝子能成就自身。"哀公说："寡人已经听取了您的这番高论，惟恐日后还有过失，那该如何？"孔子说："君主您能提及这话，那是臣下的福分哪！"

仲尼燕居*

共六章

10·1　仲尼燕居，子张、子贡、言游侍，纵言至于礼。子曰："居！女三人者①。吾语女礼②，使女以礼周流，无不徧也③。"子贡越席而对曰："敢问何如？"子曰："敬而不中礼谓之野④，恭而不中礼谓之给⑤，勇而不中礼谓之逆。"子曰："给夺慈仁。"子曰："师！尔过而商也不及。子产犹众人之母也，能食之⑥，不能教也。"子贡越席而对曰："敢问将何以为此中者也？"子曰："礼乎礼！夫礼所以制中也⑦。"

【注释】

①女——通汝。下同。　②语——音玉。下同。　③徧——同遍。　④中——音仲。下二中字音同。　⑤给——音几。⑥食——音嗣。　⑦夫——音扶。

————————

*本篇为《礼记》第二十八篇。

【译解】

孔子在家休息，弟子子张、子贡、子游陪侍，漫谈中间谈到了礼。孔子说："坐下，你们三人。我给你们讲讲礼，使你们将礼周详地运用各处，无所不遍。"子贡起立离席回话说："请问礼该如何?"孔子说："虔敬而不合乎礼，叫做土气；谦恭而不合乎礼，叫做巴结；勇敢而不合乎礼，叫做乖逆。"孔子说："巴结淆乱了仁慈。"孔子说："子张做得有些过头，子夏又嫌做得不够。子产像是一般人的母亲，能够喂养而不能够教育。"子贡又离席答对说："请问凭借什么才能做到适中?"孔子说："礼呀礼呀！这礼就是用来节制行为使之适中的。"

10·2 子贡退，言游进曰："敢问礼也者，领恶而全好者与①?"子曰："然。""然则何如?"子曰："郊社之义，所以仁鬼神也。尝禘之礼，所以仁昭穆也。馈奠之礼，所以仁死丧也。射乡之礼，所以仁乡党也。食飨之礼②，所以仁宾客也。"子曰："明乎郊社之义，尝禘之礼，治国其如指诸掌而已乎！是故以之居处有礼，故长幼辨也；以之闺门之内有礼，故三族和也；以之朝廷有礼，故官爵序也；以之田猎有礼，故戎事闲也；以之军旅有礼，故武功成也。是故宫室得其度，量鼎得其象③，味得其时，乐得其节，车得其式，鬼神得其飨，丧纪得其哀，辨说得其党④，官得其体，政事得其施，加于身而错于前⑤，凡众之动得其宜。"

【注释】

①与——音鱼。　②食——音嗣。　③量——音亮。
④辩——通辨。　⑤错——通措。

【译解】

　　子贡退后，子游进前说："请问，所谓礼是不是治理恶劣习性、保全良好品行的呢?"孔子说："是的。"子游说："那么，该怎么做呢?"孔子说："郊天、祭社的意义，是用以致仁爱于鬼神的；尝、禘等大规模的宗庙祭礼，是用以致仁爱于各辈祖先的；馈食祭奠的礼仪，是用以致仁爱于死丧的；乡中习射、乡中饮酒的礼仪，是用以致仁爱于乡里的；食宴酒会的礼仪，是用以致仁爱于宾客的。"孔子说："明白了祭天、祭社的意义，懂得宗庙的祭礼，那么治理国家就了如指掌了吧！所以，这样一来，居家处室有礼，从而长幼就分辨清楚了；这样一来，家族门中有礼，从而父、子、孙三辈族人就和睦了；这样一来，朝廷上有礼，从而官爵上下就井然有序了；这样一来，田猎有礼，从而军事演习就娴熟了；这样一来，军队有礼，从而就能建立武功了。因为有了礼，宫室得以有了制度，量器、鼎类得以有了式样，饮食滋味得以各适其时，音乐得以有了节制，马车得以有了不同的级别形式，鬼神得以各受其该有的祭享，丧事能够得到适度的表哀，辩说能够得到自己的同志，百官得以各守其职分，政事得以顺利实施。加在身上的，摆在面前的，人们的种种行为举动都能够适宜得当。"

10·3　子曰："礼者何也? 即事之治也。君子有其事必有其治。治国而无礼，譬犹瞽之无相与^①！伥伥乎其何之^②？譬如终夜有求于幽室之中，非烛何见？若无礼，则手足无所错，耳目无所加，进退揖让无所制。是故以之居处，长幼失其别，闺门、三族失其和，朝廷官爵失其序，田猎戎事失其策，军旅武功失其制，宫室失其度，量鼎失其象，味失其时，乐失其节^③，车失其式，鬼神失其飨，丧纪失其哀，辨说失其党，官失其体，政事失其施，加于身而错于前，凡众之动失其宜。如此，则无以祖洽于众也。"

【注释】

①相——音象。　②伥——音昌。　③乐——音岳。

【译解】

孔子说："礼是什么呢？礼就是对事务的治理。君子有什么事务，必有相应的治理手段。治理国家倘若没有礼，就犹如盲人没有扶助引导的人吧！茫茫然地要往哪里去呢？就譬如整夜在暗室中有所寻求，没有烛光怎能看得见呢？没有礼，那手脚就不知所措，那耳目就不知怎用，进退揖让就没有规矩。所以，这样一来，居家处室就会没大没小，长幼无别；家族门内，父子孙三辈族人就要失去和睦；朝廷之上，官爵上下就要丧失秩序；田猎当中就将失掉策略，军队攻守就将失掉控制，宫室建造就将丧失制度，量器、鼎类就要丧失式样，饮食滋味就要失其时宜，音乐就将丧失节制，用车就要丧失定式，鬼神就要失去适宜的祭享，丧事就要失掉合度的致哀，辩说失去了听众，百官失去了职守，政事失去了顺利实施。凡加在身上的和摆在面前的，所有种种的举动都失其所宜。这样，就没法倡导群众、团结群众了。"

10·4　子曰："慎听之，女三人者！吾语女礼，犹有九焉，大飨有四焉。苟知此矣，虽在畎亩之中①，事之，圣人已。两君相见，揖让而入门，入门而县兴②，揖让而升堂，升堂而乐阕③，下管《象》《武》，《夏》籥序兴④，陈其荐俎，序其礼乐，备其百官，如此而后君子知仁焉。行中规，还中矩⑤，和鸾中《采齐》⑥，客出以《雍》，彻以《振羽》，是故君子无物而不在礼矣。入门而金作，示情也。升歌《清庙》，示德也。下而管《象》，示事也。是故古之君子不必亲相与言也，以礼乐相示而已。"

【注释】

①畎——音犬。　②县——悬的本字。　③阕——音确。
④籥——音月。　⑤还——同旋。　⑥齐——音济。

【译解】

孔子说："认真听着，你们三人！我告诉你们的礼，还有下面九事，其中四事（金奏《肆夏》，升歌《清庙》，堂下吹奏《象舞曲》、《武舞曲》，舞蹈《大夏舞》）是大飨礼所特有的。如果通晓这些礼意，即使是身在田间的农民，只要按此礼意行事，也是圣人了。外国国君来正式访问，本国国君在祖庙中举行飨礼接待贵宾。两国国君相见：相互揖让而进入庙门；入门时，乐师用庭中所悬的乐钟奏起《肆夏》；宾主踩着节拍分别走到堂前西阶东阶之下，揖让而升堂；堂上各就各位的同时，钟乐正好停止；堂下乐工用笙吹奏《象舞》和《武舞》两支舞曲；接下来，执籥的舞列起舞《大夏》；摆设笾豆与牲俎，按序安排礼乐；备齐各种执事人员。这样做了之后，来访国君就感觉到了主国的盛情厚意。礼中人们来往走动，周旋时步子要合乎圆规的弧线，折行时步子要合乎矩尺的方度；乘车来时，衡上鸾铃与轼前和铃的声响要合乎《采齐》乐章的节拍；礼毕，贵宾走出，堂下奏起《雍》的乐章；撤去席上的食具时，奏起《振羽》的乐章。由此可见，君子的一举一动，没有任何事不在礼乐之中了。主人陪同贵宾刚进庙门的时候，庭中钟声庄重响起，这是表示主人欢迎的情意；乐工登堂歌唱《清庙》诗章，是表示国君景仰文王的美德；堂下笙奏《象》、《武》两支舞曲，表示国君崇敬文王、武王的功业。由此可见，古代的大人君子相见时，不必互相说话，只凭礼乐就可以传示情意了。”

10·5　子曰：“礼也者，理也。乐也者，节也。君子无理不动，无节不作。不能《诗》，于礼缪①。不能乐，于礼素。薄于德，于礼虚。”子曰：“制度在礼，文为在礼，行之其在人乎！”子贡越席而对曰：“敢问夔其穷与②？”子曰：“古之人与？古之人也。达于礼而不达于乐，谓之素；达于乐而不达于礼，谓之偏。夫夔③，达于乐而不达于礼，是以传于此名也，古之人也。”

【注释】

①缪——通谬。　②夔——音魁。　③夫——音扶。

【译解】

孔子说："礼有理的意思，乐有节的意思。君子没有道理的事不为，没有节制的事不做。不能习《诗》，则情意隔绝，行礼就难免错谬；不能习乐，则质朴无文，行礼就显得单调；道德浅薄，则气质轻浮，行礼就流于空虚。"孔子说："一切制度都在乎礼，一切文饰作为都在乎礼，行礼就在乎人了吧！"子贡离席对话，说："请问，夔对礼的理解是不是很贫乏呢？"孔子说："是古代的人吧？是古代的那人。通晓礼而不通晓乐，叫做素；通晓乐而不通晓礼，叫做偏。那位夔由于通晓乐而不甚通晓礼，因而就传留下这么个意谓单一的名儿，他毕竟是位古代的贤人。"（按：夔本是兽名，一足。）

10·6　子张问政。子曰："师乎！前！吾语女乎！君子明于礼乐，举而错之而已。"子张复问。子曰："师！尔以为必铺几筵，升降酌献酬酢①，然后谓之礼乎？尔以为必行缀兆②，兴羽籥，作钟鼓，然后谓之乐乎？言而履之，礼也。行而乐之③，乐也。君子力此二者，以南面而立，夫是以天下大平也④。诸侯朝，万物服体，而百官莫敢不承事矣。礼之所兴，众之所治也；礼之所废，众之所乱也。目巧之室则有奥阼⑤，席则有上下，车则有左右，行则有随，立则有序，古之义也。室而无奥阼，则乱于堂室也。席而无上下，则乱于席上也。车而无左右，则乱于车也。行而无随，则乱于途也。立而无序，则乱于位也。昔圣帝、明王、诸侯辨贵贱、长幼、远近、男女、外内，莫敢相逾越，皆由此途出也。"三子者既得闻此言也于夫子，昭然若发矇矣⑥。

【注释】

①酢——音作。　　②缀——音坠。　　③乐——音勒。

④大——通太。　　⑤阼——音作。　　⑥矇——音蒙。

【译解】

子张（颛孙师）问施政的道理。孔子说："子张啊！上前来！我告诉你吧！君子通晓礼乐，拿来放在政治里面就行了。"子张又问怎么回事。孔子说："子张！你以为一定要铺席设几，升阶降阶，酌酒献酬、回敬，那才叫做礼吗？你以为一定要行动在舞列舞位中，挥动雉羽竹籥、鸣钟打鼓，那才叫做乐吗？不仅仅如此。说了而能履行，就是礼；履行了而感到愉快，就是乐。君子勉力于礼乐二项，站在面南背北的天子的地位，这样就天下太平了。诸侯前来朝觐，万事顺应得体，百官没有谁敢不奉公从事。礼的兴盛之时，就是民众大治之日；礼的败坏之时，就是民众大乱之日。一座但凭巧妙眼力设计修建的堂室，室中也必有奥（室中西南隅，生活中，尊长居处所在），堂上也必有阼（堂上东序西、南当阼阶之处，行礼时，为主人之位）；坐席本身就有上有下；车轮本身就有左有右；一起走路，总该有先有随；一起站立，总该有个秩序：这是自古就有的道理。如果修建的堂室没有奥和阼，那么尊卑长幼的位置在堂室中就乱了。如果席子本身不分上下，那么人们同坐一席时，尊卑长幼的位置在席上就乱了。

如果车子本身不分左右，那么人们同乘一车时，尊卑长幼的位置在车上就乱了。如果走路不分先后，那么人们一起出门，尊卑长幼的次序就乱在路上了。如果站立没有次序，那么尊卑长幼就乱在立位上了。从前，圣帝、明王、诸侯分辨贵贱、长幼、远近、男女、内外，谁也不敢超规越分，都是由上面所说的途径出发的。"子张、子贡、子游三人从老师这里听到这番言论，眼界豁然开朗，就好像被拨开了眼翳一样。

孔子闲居[*]

共六章

11·1 孔子闲居，子夏侍。子夏曰："敢问《诗》云'凯弟君子^①，民之父母'，何如斯可谓民之父母矣?"孔子曰："夫民之父母乎^②，必达于礼乐之原，以致五至，而行三无，以横于天下，四方有败，必先知之。此之谓民之父母矣。"

【注释】

①凯——通恺。　弟——通悌。　　②夫——音扶。

【译解】

孔子闲居在家，弟子子夏陪侍。子夏说："请问，《诗经·大雅·泂酌》篇中说，'善良和乐的君子，是人民的父母'。怎么样才可以称作人民的父母呢?"孔子说："那人民的父母么，必须通晓礼乐的原旨，达到'五至'，实行'三无'，以此精神扩充于天下，四方有了灾祸，必先预知，这样就称得上民之父母了。"

＊本篇为《礼记》第二十九篇。

11·2　子夏曰："民之父母既得而闻之矣，敢问何谓五至?"孔子曰："志之所至，诗亦至焉；诗之所至，礼亦至焉；礼之所至，乐亦至焉；乐之所至，哀亦至焉。哀乐相生①。是故正明目而视之，不可得而见也；倾耳而听之，不可得而闻也；志气塞乎天地②。此之谓五至。"

【注释】

①乐——音勒。　　②塞——音色。

【译解】

子夏说："民之父母的意思已经听懂了，请问什么叫做'五至'呢?"孔子说："君王的情意所至之处，讴歌也随之而至；讴歌所至之处，礼也随之而至；礼所至之处，乐也随之而至；乐所至之处，哀也随之而至。君王与人民休戚相关，哀乐相生。所以，这种痌瘝一体的感情，虽然擦亮眼睛看也看不见，侧着耳朵听也听不着，然而这种情意确确实实地充满了天地之间。这就叫做'五至'。"

11·3　子夏曰："五至既得而闻之矣，敢问何谓三无?"孔子曰："无声之乐，无体之礼，无服之丧，此之谓三无。"

【译解】

子夏说："五至的意思已经听懂了，请问什么叫做'三无'呢?"孔子说："没有声音而有着和悦的乐，没有仪节而有着诚敬的礼，没有服制而有着同情的丧。这就叫做'三无'。"

11·4 子夏曰："三无既得略而闻之矣，敢问何诗近之?"孔子曰："'夙夜其命宥密'①，无声之乐也。'威仪逮逮②，不可选也'，无体之礼也。'凡民有丧，匍匐救之'③，无服之丧也。"

【注释】

①夙——音素。 其——音基。 宥——音右。 ②逮——音地。 ③匍——音葡。 匐——音福。

【译解】

子夏说："'三无'的意思已经简略地听到了，请问有什么诗句接近三无的意思?"孔子说："《诗经·周颂·昊天有成命》篇说：'日夜谋划政教以安民。'这诗句的意思接近无声之乐。《诗经·邶风·柏舟》篇说：'威仪安详和易，人们无可挑剔。'这诗句的意思接近无体之礼。《诗经·邶风·谷风》篇说：'凡是人家有了死丧，我就竭力赶去帮忙。'这诗句的意思接近无服之丧。"

11·5 子夏曰："言则大矣，美矣，盛矣！言尽于此而已乎?"孔子曰："何为其然也！君子之服之也，犹有五起焉。"子夏曰："何如?"孔子曰："无声之乐，气志不违；无体之礼，威仪迟迟；无服之丧，内恕孔悲。无声之乐，气志既得；无体之礼，威仪翼翼；无服之丧，施及四国①。无声之乐，气志既从；无体之礼，上下和同；无服之丧，以畜万邦。无声之乐，日闻四方；无体之礼，日就月将；无服之丧，纯德孔明。无声之乐，气志既起；

无体之礼，施之四海；无服之丧，施于孙子。"

【注释】

①施——音益。下同。

【译解】

子夏说："这话太伟大了！太美了！太丰富了！话说到这步就到了尽头了吧？"孔子说："怎么会这样呢！君子从事'三无'，还有五个层次哩！"子夏说："详细情况如何？"孔子说："第一层次：无言之乐，不违心意；无体之礼，威仪从容；无服之丧，心内同情很悲伤。第二层次：无声之乐，心满意得；无体之礼，威仪庄敬；无服之丧，恩意遍及四方。第三层次：无声之乐，民意顺从；无体之礼，上下和睦同心；无服之丧，得以抚养万邦。第四层次：无声之乐，日益传闻四方；无体之礼，日有所进，月有所成；无服之丧，纯德十分显明。第五层次：无声之乐，民心奋发兴起；无体之礼，普及天下；无服之丧，爱心延及子孙。"

11·6　子夏曰："三王之德参于天地①。敢问何如斯可谓参于天地矣②？"孔子曰："奉三无私以劳天下③。"子夏曰："敢问何谓三无私？"孔子曰："天无私覆，地无私载，日月无私照。奉斯三者以劳天下，此之谓三无私。其在《诗》曰：'帝命不违，至于汤齐④。汤降不迟，圣敬日齐⑤。昭假迟迟⑥，上帝是祗⑦。帝命式于九围。'是汤之德也。天有四时，春秋冬夏，风雨霜露，无非教也。地载神气，神气风霆⑧，风霆流形，庶物露生，无非教

也。清明在躬，气志如神，耆欲将至^⑨，有开必先，天降
时雨，山川出云。其在《诗》曰：‘嵩高惟岳^⑩，峻极于
天^⑪。惟岳降神，生甫及申。惟申及甫，惟周之翰^⑫。四
国于蕃^⑬，四方于宣。’此文武之德也。三代之王也，必
先令闻^⑭。《诗》云：‘明明天子，令闻不已。’三代之德
也。‘弛其文德^⑮，协此四国。’大王之德也^⑯。”子夏蹶然
而起^⑰，负墙而立，曰："弟子敢不承乎!"

【注释】

①参——同三。　②敢问何如斯可谓参于天地矣——阮元《礼
记校勘记》云："《唐石经》无于字。宋岳珂刻本、明嘉靖本同。《石经
考文提要》云：‘宋大字本、宋本《九经》、南宋巾箱本、余仁仲本无于
字。’"　③劳——音涝。　④齐——音基，通跻。　⑤齐——
音摘。　⑥假——音格。　⑦祗——音芝。　⑧霆——音庭。
⑨耆——音士，通嗜。　⑩嵩——音松。　⑪峻——音郡。
⑫翰——音寒。　⑬蕃——音帆，通藩。　⑭闻——音问。下同。
⑮弛——音池，又音史。　⑯大——通太。　⑰蹶——音贵。

【译解】

子夏说："夏禹、商汤、周文王三王的道德，配天地而为三。
请问，怎么样才可以称作德配天地而为三呢?"孔子说："要遵奉
三无私的精神来劳徕劝勉天下。"子夏说："请问什么叫做三无私
呢?"孔子说："天宇无私地覆罩万物，大地无私地承载万物，日
月无私地临照万物，遵奉这三种无私精神来劳徕劝勉天下，这就
叫做三无私。这种精神在《诗经·商颂·长发》篇中有所反映：

'上帝的命令不可背离，至于成汤与天意齐一。成汤谦卑而不敢怠慢，圣德敬意日益累积。光明磊落而从容不迫，全心全意敬畏上帝。上帝命他统理九州的地域。'这是商汤的无私之品德。上天无私，四季循环，春生夏长，秋收冬藏，风雨霜露，养育万物，这都是圣王该当效法的教化。大地无私，负载神妙的气层，神妙的气层酝酿风雷，风雷鼓荡流行，万物显露滋生，都是圣王该当效法的教化。圣王身有清明品德，气质心态如神，热望的事将要到来，必先有神明开导，犹如上天将降应时之雨，山川必先生云。这层意思在《诗经·大雅·嵩高》篇中有所反映：'山大而高的是岳，高峻得上达天空。山岳降下了神灵，诞生了甫侯和申伯二人。唯有申伯和甫侯，才是周朝的干臣。四周国家得到了保卫，四方部族得到了抚问。'这说的是周文王、周武王的功德。夏商周三代的圣王，必定先有了美好的声名。《诗经·大雅·江汉》篇说：'英明的天子，美名盛传不已。'这说的是三代圣王的功德。诗中又说：'施布他的文德，协和四方诸国。'这说的是周朝的太王的功德。"子夏快速站起，背墙而立，说："弟子我怎敢不奉承您的教导呢！"

坊　记*

共三十八章

12·1　子言之："君子之道辟则坊与①！坊民之所不足者也。大为之坊，民犹踰之②，故君子礼以坊德，刑以坊淫，命以坊欲。"

【注释】

①辟——音僻，通譬。　坊——音房，通防。　与——音余。
②踰——音俞，通逾。

【译解】

孔子这样说："君子的治国之道，譬如堤防吧！是用以防范人民品德行为之所不足的。君子大设礼防，人们尚且逾越作恶，何况不设防呢！所以君子用礼教来防止缺德，用刑法来防止淫邪，用政令来防止贪欲。"

12·2　子云："小人贫斯约，富斯骄。约斯盗，骄

＊本篇为《礼记》第三十篇。

斯乱。礼者，因人之情而为之节文，以为民坊者也。故圣人之制富贵也，使民富不足以骄，贫不至于约，贵不慊于上①，故乱益亡②。"

【注释】

①慊——音浅。 ②亡——音吴，通无。

【译解】

孔子说："小人生活贫穷就心态困窘，生活富有就作风骄纵。心态困窘就将偷盗，作风骄纵便要乱来。所谓礼，就是顺应人情而拟定的节制形式，用来作为人民的堤防。所以圣人制定礼法，使人民富有的不至于骄纵，贫穷的不至于困窘，尊贵的不怨恨君上，因而乱子日益减少以至消亡。"

12·3 子云："贫而好乐①，富而好礼，众而以宁者，天下其几矣。《诗》云：'民之贪乱，宁为荼毒②。'故制国不过千乘③，都城不过百雉，家富不过百乘。以此坊民，诸侯犹有畔者④。"

【注释】

①乐——音勒。 ②荼——音途。 ③乘——音胜。下同。
④畔——音判，通叛。

【译解】

孔子说："贫穷而能自得其乐，富有而能谦恭好礼，族人众多而能安宁本分的，天下能有几人哪！《诗经·大雅·桑柔》说：'人们贪图作乱，安心制造苦难。'因此规定，诸侯的国家不能超过一千辆兵车，都市的城墙不能超过百雉（城墙高一丈长三丈为一雉），大夫之家富有的程度不能超过百辆兵车。用这种制度来防范人们，诸侯仍然有背叛造反的。"

12·4　子云："夫礼者①，所以章疑别微，以为民坊者也。故贵贱有等，衣服有别，朝廷有位，则民有所让。"

【注释】

①夫——音扶。

【译解】

孔子说："礼么，就是用来彰明疑似不清，辨别隐微不明，作为人们堤防的事物。所以，贵贱有等级，衣服有差别，朝廷上有定位，这样人们才能有所谦让。"

12·5　子云："天无二日，土无二王，家无二主，尊无二上，示民有君臣之别也。《春秋》不称楚、越之王丧。礼，君不称天，大夫不称君，恐民之惑也。《诗》云：'相彼盍旦①，尚犹患之。'"

【注释】

①相——音象。　盍——音何。

【译解】

孔子说："天上没有两个太阳，地上没有两个帝王，家中没有两个主人，至尊不能同时有二位，这是向人民显示有君臣的分别。《春秋》由于楚、越两国僭越称王，所以不称举楚、越两国国王丧葬之事；礼法规定，对诸侯国君不称天，以避天子之名；对大夫不称君，以避诸侯之名：这都是恐怕迷惑人民的视听。有这样的诗句说：'看那夜鸣求旦的盍旦鸟，人们尚且厌恶它。'何况那僭称越分的人呢！"

12·6　子云："君不与同姓同车，与异姓同车不同服，示民不嫌也。以此坊民，民犹得同姓以弑其君①。"

【注释】

①弑——音式。

【译解】

孔子说："国君不与同姓的人共乘一辆车，如果与异姓的人共乘一辆车，也要穿着不同的衣服，让人民看到而不生疑。这样来提防人们，人们还有同姓族人杀害国君的。"

12·7　子云："君子辞贵不辞贱，辞富不辞贫，则乱益亡①。故君子与其使食浮于人也，宁使人浮于食。"

【注释】

①亡——通无。

【译解】

孔子说："君子推辞尊贵而不推辞卑贱，推辞富有而不推辞贫穷，那么，祸乱就日益减少以至没有了。所以，作为君子与其使所得俸禄超出个人的才能、贡献，宁愿使自己的才能、贡献超出自己所得的俸禄。"

12·8 子云："觞酒豆肉①，让而受恶，民犹犯齿。衽席之上②，让而坐下，民犹犯贵。朝廷之位，让而就贱，民犹犯君。《诗》云：'民之无良，相怨一方。受爵不让，至于己斯亡③。'"

【注释】

①觞——音伤。 ②衽——音任。 ③亡——音王，通忘。

【译解】

孔子说："一杯酒，一碗肉，经过推让而接受较差的，即使如此，而人们还有侵犯年长的；宴享席上，一再推让而坐在下位，即使如此，而人们还有侵犯尊贵的；朝廷的班位，一再推让而站在较为卑贱之位，即使如此，而人们还有侵犯君主的。《诗经·小雅·角弓》说：'人们那样的不善良，互相抱怨于一方；接受爵位而不相让，轮到自己就这样善忘。'"

12·9 子云："君子贵人而贱己，先人而后己，则民作让。故称人之君曰君，自称其君曰寡君。"

【译解】

孔子说："君子尊重别人而抑制自己，让别人居先而自己居后，人们就会兴起谦让。所以，外交场合称呼别人的国君为君，称呼自己的国君为寡君。"（按：寡君意谓鄙国国君。）

12·10 子云："利禄先死者而后生者，则民不偝①；先亡者而后存者，则民可以托。《诗》云：'先君之思，以畜寡人。'以此坊民，民犹偝死而号无告^②。"

【注释】

①偝——同背。　②号——音毫。

【译解】

孔子说："财利荣禄，先给死者而后给生者，这样化育人民，人民就能不背弃死者；先给为国事奔波在外的人，后给生活国内的人，这样化育人民，人民就可以信托。《诗经·邶风·燕燕》篇中说：'以对先君的思慕，来勉励寡人。'用这种精神规范人们，人们还有背弃死者，致使其老弱哀号而无处投告。"

12·11　子云："有国家者贵人而贱禄，则民兴让；尚技而贱车，则民兴艺。故君子约言，小人先言。"

【译解】

孔子说："据有国家的人，尊重人才而不吝惜爵禄，人民便会兴起谦让；崇尚技能而不吝惜车服，人民便会兴起技艺。所以君子做得多，讲得少，小人没做事先说大话。"

12·12　子云："上酌民言，则下天上施。上不酌民言，则犯也；下不天上施，则乱也。故君子信让以涖而姓^①，则民之报礼重。《诗》云：'先民有言，询于刍荛^②。'"

【注释】

①涖——音立。　②询——音循。　刍——音除。　荛——

音饶。

【译解】

孔子说："君上施政酌取人民的意见，那下层人民就尊重君上的措施；君上施政不酌取人民的意见，就违犯民心。下层人民不尊重君上的措施，就要出乱子。所以君子用诚信谦让的态度来对待百姓，人民也必定厚重地以礼相报。《诗经·大雅·板》篇中说：'古人有过这样的话，国君要向樵夫咨询。'"

12·13 子云："善则称人，过则称己，则民不争。善则称人，过则称己，则怨益亡①。《诗》云：'尔卜尔筮②，履无咎言③。'"

【注释】

①亡——通无。 ②筮——音士。 ③咎——音就。

【译解】

孔子说："有了功善就称道别人的作用，有了过错就称说自己的责任，那么人民就会不争了。有了功善就称道别人的作用，有了过错就称说自己的责任，那么怨恨就会日益消失。《诗经·卫风·氓》篇说：'你曾经诚挚地进行卜筮，行为上本无错误可言。'"

12·14 子云："善则称人，过则称己，则民让善。《诗》云：'考卜惟王，度是镐京①。惟龟正之，武王成之。'"

【注释】

①度——音夺。 镐——音浩。

【译解】

孔子说："有了功善就称道别人，有了过错就称说自己，那么人民就会推功让善。《诗经·大雅·文王有声》篇说：'武王向神问卜，谋划定居镐京。神龟将它卜定，武王将它筑成。'"

12·15　子云："善则称君，过则称己，则民作忠。《君陈》曰：'尔有嘉谋嘉猷①，入告尔君于内，女乃顺之于外②，曰："此谋此猷，惟我君之德。"於乎③！是惟良显哉！'"

【注释】

①猷——音油。　②女——通汝。　③於——音屋。

【译解】

孔子说："有了功善就称颂君主的领导，有了过错就称举自己的责任，那么人民就会兴起忠心。《尚书·君陈》篇中说：'你有好的谋划，好的方法，就入宫告诉你的君主，君主采纳实施了，你在外面就谦逊地说："这谋划，这方法，都出自我们君主的盛德。"啊！这是善良的显现呀！'"

12·16　子云："善则称亲，过则称己，则民作孝。《大誓》曰①：'予克纣，非予武，惟朕文考无罪②。纣克予，非朕文考有罪，惟予小子无良。'"

【注释】

①大——通太。　②朕——音震。

【译解】

孔子说："有了功善就称道父母，有了过错就称说自己，那么人民就会兴起孝心。《尚书·太誓》篇记载周武王的誓师辞说：'我战胜商纣，并非我的武勇，是因为我的父亲没有罪过；如果商纣战胜我，不是我父亲有罪过，而是因为我小子不好。'"

12·17 子云："君子弛其亲之过而敬其美①。"《论语》曰："三年无改于父之道，可谓孝矣。"《高宗》云："三年其惟不言，言乃讙②。"

【注释】

①弛——音池，又音史。　　②讙——通欢。

【译解】

孔子说："君子要忘却父母的过错，而敬重他们的美德。"《论语》说："儿子居丧三年期间，仍然不改变父亲在世时的处事原则，可以称得上是孝了。"《尚书·高宗之训》篇说："高宗居父丧三年时，不言政教；丧期过后发布政令，人民都欢欣接受。"

12·18 子云："从命不忿①，微谏不倦，劳而不怨，可谓孝矣。《诗》云：'孝子不匮②。'"

【注释】

①从命不忿——陈可大云："一说忿当作怠。"王念孙云："一说是也。《大戴礼·曾子立孝篇》曰：'微谏而不倦，听从而不怠。'语意正与此同。"　　②匮——音愧。

【译解】

孔子说："遵从父母的命令，而不心怀气忿；父母有过失，要下气柔声地劝谏，而不生厌倦；事奉父母即使劳苦，而不埋怨：可以称得上孝顺了。《诗经·大雅·既醉》篇中说：'孝子的爱亲精神永不匮乏。'"

12·19　子云："睦于父母之党，可谓孝矣。故君子因睦以合族。《诗》云：'此令兄弟，绰绰有裕①。不令兄弟，交相为愈②。'"

【注释】

①绰——音辍。　　②愈——音玉。

【译解】

孔子说："与父母的族亲和和睦睦，可以称得上孝了。所以君子就依靠这种亲睦之情来联合宗族。《诗经·小雅·角弓》篇中说：'这是善良兄弟，大家宽容融洽；不是善良兄弟，互相厌恶责骂。'"

12·20　子云："于父之执，可以乘其车①，不可以衣其衣②，君子以广孝也。"

【注释】

①乘——音成。　　②衣其衣——前"衣"音益。

【译解】

孔子说："对于父亲的同志、朋友，其地位如和自己相等，自己就可以乘用他的马车，但不可穿用他的衣服。因为车在身外可以用，衣服贴身不敢穿。君子以敬父之心敬父的同志、朋友，这样来推广孝道。"

12·21 子云："小人皆能养其亲，君子不敬何以辨?"

【译解】

孔子说："小人都能养活双亲。如果君子供养双亲而不恭敬，那同小人用什么来区别呢?"

12·22 子云："父子不同位，以厚敬也。《书》云：'厥辟不辟①，忝厥祖②。'"

【注释】

①厥——音决。 辟——音必。 ②忝——音舔。

【译解】

孔子说："各种场合或坐或立，父亲与儿子不同处在尊卑相等的位置上，来增厚敬心。《尚书·太甲》篇中说：'身为君主而没有君主的尊严，那就污辱了他的祖先。'"

12·23 子云："父母在，不称老，言孝不言慈。闺门之内，戏而不叹。君子以此坊民，民犹有薄于孝而厚于慈。"

【译解】

孔子说："父母健在，儿子不敢自称年老，只谈如何尽孝，不谈如何疼儿爱女。家庭之中可以谈笑，而不可忧叹。君子用这礼法来规范人民，人民还是有孝心淡薄而疼爱子女之情深厚的。"

12·24 子云："长民者①，朝廷敬老，则民作孝。"

【注释】

①长——音掌。

【译解】

孔子说："统治民众的君长能在朝廷上尊敬老人，那么民众就会兴起孝顺的风气。"

12·25 子云："祭祀之有尸也，宗庙之主也，示民有事也。修宗庙，敬祀事，教民追孝也。以此坊民，民犹忘其亲。"

【译解】

孔子说："祭祀时设有尸，宗庙里设有神主，是向人民显示有所尊事的对象。修立宗庙，敬事祭祀，是教导人民追孝先人。用这样的方式规范人民，人民还有忘记自己双亲的。"

12·26 子云："敬则用祭器，故君子不以菲废礼①，不以美没礼②。故食礼③，主人亲馈则客祭④，主人不亲馈则客不祭。故君子苟无礼，虽美不食焉。《易》曰：'东邻杀牛，不如西邻之禴祭寔受其福⑤。'《诗》云：'既醉以酒，既饱以德。'以此示民，民犹争利而忘义。"

【注释】

①菲——音匪。　②没——音末。　③食——音嗣。

④馈——音愧。　⑤禴——音药。　寔——音石。

【译解】

孔子说："敬飨贵宾就使用祭祀所用器皿。所以君子不因物品菲薄而废弃了礼，也不因物品丰美而掩盖了礼。所以食礼中的规矩是，主人亲自致送的食物，客人食前就祭一下饮食神；主人不亲自致送的食物，客人食前就无须祭饮食神。所以，君子对待不具备一定礼数的他人的食物，即使丰美，也不尝用。《易经·既济》爻辞说：'东邻杀牛举行大祭，不如西邻杀猪举行禴祭能切实受到福祐。'《诗经·大雅·既醉》篇说：'已经醉人的是酒，已经饱人的是德。'以此来教示人民，人民还有争利而忘义的。"（按：东邻指商纣之国，奢而慢礼，故无福；西邻指周文王之国，俭而恭敬，故受福。禴祭是古代四时祭祀之一，殷代称春祭为禴，属于规模较小的祭祀。）

12·27　子云："七日戒，三日齐①，承一人焉以为尸，过之者趋走，以教敬也。醴酒在室，醍酒在堂②，澄酒在下，示民不淫也。尸饮三，众宾饮一，示民有上下也。因其酒肉，聚其宗族，以教民睦也。故堂上观乎室，堂下观乎上。《诗》云：'礼仪卒度，笑语卒获。'"

【注释】

①齐——音摘，通斋。　②醍——音体。

【译解】

孔子说:"国君祭祀之前要斋戒,七日散斋,三日致斋,届时来奉事一位尸即象征先君神灵的族人,士大夫在路上遇见尸乘车而来,就下车回避,这是用以教导人民敬事父祖的。祭祀当中,将盛甜味醴酒的酒樽设在室中,盛着红色酒的酒樽设在堂上,而将盛着清酒的酒樽设在堂下,酒味越浓位越在下,这是教示人民不要贪酒。尸饮三杯,众宾才饮一杯,这是向人民显示有尊卑上下的分别。凭借祭祀的酒肉,会聚宗族,来教导人们和睦相处。所以祭祀当中,堂上人观摩室内人的礼仪,堂下人观摩堂上人的礼仪。《诗经·小雅·楚茨》篇中说:'礼仪都合乎法度,谈笑都很相得。'"

12·28 子云:"宾礼每进以让,丧礼每加以远。浴于中霤①,饭于牖下②,小敛于户内,大敛于阼③,殡于客位④,祖于庭,葬于墓,所以示远也。殷人吊于圹⑤,周人吊于家,示民不偝也。"子云:"死,民之卒事也,吾从周。以此坊民,诸侯犹有薨而不葬者⑥。"

【注释】

①霤——音六,通溜。 ②饭——音反。 牖——音友。③阼——音作。 ④殡——音髌。 ⑤圹——音旷。 ⑥薨——音轰。

【译解】

孔子说:"宾礼,主人迎宾,每进至门,进至拐弯处,进至堂阶，都来揖让；丧礼，对死者每进行一项丧事活动，尸身就离原寝处更远。人死在室内北墙下床上，为死者沐浴则在室中央，为死者口中填米就在室内南窗下，为死者小殓就在室户内包裹扎束，为死者大殓就在堂上东序西的主位上，入棺停殡则在堂上西序东的客位上，将出葬，在宗庙庭中调转灵车，作为出行的开始，埋葬则在城外墓地，都是用以表明死者离原居寝处越来越远了。殷人在墓地上吊慰孝子，周人在孝子由墓地返回家中而哭时进行吊慰，这是教示人民不背弃死者。"孔子说："死是人的最终之事，于孝子返家而哭时进行吊慰，更切情理，我依从周人的做法。用这种制度规范人们，诸侯还有死后而不据礼成葬的。"

12·29　子云："升自客阶，受吊于宾位，教民追孝也。未没丧，不称君，示民不争也。故鲁《春秋》记晋丧曰：'杀其君之子奚齐，及其君卓。'以此坊民，子犹有弑其父者。"

【译解】

孔子说："入葬后，嗣子返家而哭时，从西阶升堂，在西序东的客位上接受吊慰，不敢遽居东序西的主位，这是教导人民追孝亡亲。服丧未终，嗣子不敢称君，守丧逾年，其臣下则可称之为君，这是向人们表示自己不争君位。所以鲁国的《春秋》记载晋国的丧事说：'里克杀了他的国君之子奚齐，里克杀了他的国君卓。'用这样的制度防范人们，当儿子的还有杀父亲的。"（按，《春秋》僖公九年冬："晋里克弑其君之子奚齐。"奚齐不称君而称君之子，因他嗣立尚未逾年。《春秋》僖公十年春正月："里克弑其君卓。"卓被称君，因他即位已逾一年。）

12·30　子云："孝以事君，弟以事长^①，示民不贰
也。故君子有君不谋仕，唯卜之日称二君。丧父三年，
丧君三年，示民不疑也。父母在，不敢有其身，不敢私
其财，示民有上下也。故天子四海之内无客礼，莫敢为
主焉。故君适其臣，升自阼阶，即位于堂，示民不敢有
其室也。父母在，馈献不及车马，示民不敢专也。以此
坊民，民犹忘其亲而贰其君。"

【注释】

①弟——音替，通悌。

【译解】

孔子说："用事奉父亲的孝心来事奉君主，用事奉兄长的悌
心来事奉官长，这是教示人民对君长一心不二。所以，君主的儿
子当君主在世时，不谋求官职，不急于从政，唯有代替君主问卜
时，在命龟辞中可以自称为君主的副贰。为父亲居丧三年，同
样，为君主也居丧三年，这是向人民显示对君主的尊崇是不容置
疑的。父母在世时，做儿女的不敢专有自身，不敢私存财物，这
是向人民显示有尊卑上下的统属关系。所以天子在天下没有做客
的礼节，因为天下属于他，没有谁敢做他的主人。所以君主来到
臣子家中，径由主阶升堂，在堂上主位就位，这是向人民显示做
臣子的不敢私有自己的宫室。父母在世，做儿子的馈赠、奉献给
别人的物品，不能涉及车马之类的贵重财物，这是向人民显示做

儿子的不敢专擅家产。用这些礼法来防范人民，人民还有忘记父
母、怀二心于君主的。"

12·31 子云："礼之先币帛也，欲民之先事而后
禄也。先财而后礼则民利，无辞而行情则民争，故君子
于有馈者弗能见，则不视其馈。《易》曰：'不耕获[1]，不
菑畬[2]，凶。'以此坊民，民犹贵禄而贱行[3]。"

【注释】

①获——音或。　②菑——音兹。　畬——音余。　③行——
音杏。

【译解】

孔子说："先行相见之礼，然后奉上币帛以通情意，这是希
望人民先做事而后受利禄。先奉进财物而后行礼，人民就会贪
利；没有交际辞让之礼，而径用财物通情，人民就会争利。所以
君子当有人来馈送礼物时，如果不能与他见面，那么就不要收纳
他那礼物。《易经·无妄》爻辞说：'不耕种而有收获，不开垦而
有良田，不吉利。'用这样的道理来规范人民，人民还是重视利禄
而轻视德行。"

12·32 子云："君子不尽利，以遗民。《诗》云：
'彼有遗秉，此有不敛穧[1]，伊寡妇之利。'故君子仕则不
稼，田则不渔，食时不力珍。大夫不坐羊，士不坐犬。
《诗》云：'采葑采菲[2]，无以下体。德音莫违，及尔同

死。'以此坊民，民犹忘义而争利，以亡其身。"

【注释】

①秭——音济。　②葑——音封。　菲——音非。

【译解】

孔子说："君子不尽取物利，而留些物利给与民众。《诗经·小雅·大田》篇说：'那里有掉下来的谷把，这里有没敛束的谷物，这是留给寡妇的利益。'所以，君子做官就不种庄稼，种田就不捕鱼，食用时令所产，不力求珍馐美味。大夫不坐羊皮——大夫不可无故杀羊，士不坐狗皮——士不可无故杀狗。《诗经·邶风·谷风》篇说：'采摘葑菜菲菜，不可连根拔起；道德的声音莫要违背，人民能与你同生共死。'用这样的道理来规范人们，人们还有忘义而争利以致丧身的。"

12·33　子云："夫礼①，坊民所淫，章民之别，使民无嫌，以为民纪者也。故男女无媒不交，无币不相见，恐男女之无别也。以此坊民，民犹有自献其身。《诗》云：'伐柯如之何？匪斧不克。取妻如之何②？匪媒不得。蓺麻如之何③？横从其亩④。取妻如之何？必告父母。'"

【注释】

①夫——音扶。　②取——通娶。　③蓺——音益。
④从——通纵。

【译解】

孔子说："礼是用来防止人们淫纵，显明男女有别，使人不产生两性关系上的怀疑，而作为人们生活纪律的。所以男女不经过媒人就不相交际，没有纳礼币订婚，彼此不得私自相见，这就是恐怕男女无别，分限不清。用这些礼法规范人民，民女还有置之不顾而自献其身的。《诗经·齐风·南山》篇说：'砍伐枝柯怎么办？没有斧头不行。娶妻该当怎么办？没有媒人不成。种麻怎么办？田垅要竖直横平。娶妻该当怎么办？必须要向父母禀明。'"

12·34　子云："取妻不取同姓，以厚别也。故买妾不知其姓，则卜之。以此坊民，鲁《春秋》犹去夫人之姓，曰'吴'，其死，曰'孟子卒'。"

【译解】

孔子说："娶妻不娶同姓女子，是为了加强血缘的区别。所以买妾时如果不知道她的姓氏，就要通过占卜决定取舍。用这礼法规范人们，鲁昭公还是不顾鲁、吴两国同为姬姓，而娶了吴国女子。而鲁国《春秋》记载此事，去掉了夫人的姓，只说来自吴国；及至她去世，只称名字不道姓地说'孟子卒'。"

12·35　子云："礼，非祭，男女不交爵。以此坊民，阳侯犹杀缪侯而窃其夫人①，故大飨废夫人之礼。"

【注释】

①缪——音木，通穆。

【译解】

孔子说："礼中规定，除非祭礼，男女不得交相献酒。用这礼法防范人们，阳侯还杀了缪侯而强占了他的夫人，所以此后诸侯举行飨礼接待前来访问的诸侯时，就不让自己夫人参加了。"

12·36 子云："寡妇之子，不有见焉，则弗友也，君子以辟远也①。故朋友之交，主人不在，不有大故，则不入其门。以此坊民，民犹以色厚于德。"

【注释】

①辟——音必，通避。

【译解】

孔子说："寡妇的儿子，如果不是见到他确有才艺，就不要跟他做朋友，君子用以远避嫌疑。所以朋友之间的交往，如果男主人不在家，没有死丧之类的大变故，就不要进入他的家门。用这礼法防范人们，人们还是以为美色重于美德。"

12·37 子云："好德如好色①。诸侯不下渔色，故君子远色以为民纪。故男女授受不亲。御妇人则进左手。姑、姊、妹、女子子已嫁而反，男子不与同席而坐。寡妇不夜哭。妇人疾，问之，不问其疾。以此坊民，民犹淫泆而乱于族②。"

【注释】

①好——音浩。　②泆——音益。

【译解】

孔子说："人们喜好美德应该如同喜好美色一样。诸侯不能在自己的国中网罗美色。因此，君子远离美色来作为人民的榜样。男女不亲手授受物品。为妇女驾御马车，驾驭人坐在女子之右，双手揽着缰绳而左手在前，身子要稍微背着女子。姑姑、姐姐、妹妹、女儿出嫁后回到娘家，家里男子们就不要跟她们同席而坐。寡妇不要在夜晚哭泣，免招非议。妇女有病，问候她时，不要问她得的是什么病。用这些规矩防范人们，人们还有荒淫放纵而在家族中乱伦的。"

12·38　子云："昏礼①，婿亲迎，见于舅姑，舅姑承子以授婿，恐事之违也。以此坊民，妇犹有不至者。"

【注释】

①昏——婚的本字。

【译解】

孔子说："婚礼规定，女婿亲自前来迎娶新娘，拜见岳父岳母，岳父岳母手牵女儿来交给女婿，怕她事奉丈夫、公婆有什么违误。用这种礼法防范人们，媳妇还有做不到的。"

表 记*

共四十七章

13·1 子言之："归乎！君子隐而显，不矜而庄①，不厉而威，不言而信。"

【注释】

①矜——音今。

【译解】

孔子周游列国，道不行而思归，说："回去吧！君子身虽隐居而德名显著，不须矜持而神情庄重，不曾严厉而自有威仪，不待发言而就取得信任。"

13·2 子曰："君子不失足于人，不失色于人，不失口于人。是故君子貌足畏也，色足惮也①，言足信也。《甫刑》曰：'敬忌而罔有择言在躬。'"

【注释】

①惮——音旦。

【译解】

孔子说："君子对人的手足举止没有失礼的地方，对人的神色没有失礼的地方，对人的言谈没有失礼的地方。所以，君子的体貌足以令人畏服，神色足以令人敬惮，言谈足以令人信任。《尚书·甫刑》篇说：'恭敬戒慎，要使自己没有被人挑剔的语言加在身上。'"

13·3　子曰："裼袭之不相因也①，欲民之毋相渎也。"

【注释】

①裼——音西。

【译解】

孔子说："行礼当中，或以敞开礼服显露皮裘的罩衣为敬，或以掩实裼衣外面的礼服为敬，不相因循，为了使人们不要相互轻慢。"

13·4　子曰："祭极敬，不继之以乐①。朝极辨②，不继之以倦。"

【注释】

①乐——音勒。　　②朝——音潮。

【译解】

孔子说："祭祀要极尽诚敬，所以不能祭罢就接着尽情欢乐；

朝廷处理国政要极力办好，然而不能疲倦了还继续勉强从事。"

13·5　子曰："君子慎以辟祸①，笃以不揜②，恭以远耻。"

【注释】

①辟——音必，通避。　　②揜——音眼。

【译解】

孔子说："君子用谨慎来避免祸患，用笃厚来不遭困迫，用恭敬来远离耻辱。"

13·6　子曰："君子庄敬日强，安肆日偷。君子不以一日使其躬儳焉如不终日①。"

【注释】

①儳——音蝉。

【译解】

孔子说："君子端庄诚敬，从而德业日益增强；晏安放肆，从而品行日益苟且。君子绝不让自己的身心有一天苟且散乱，像是惶惶不可终日的样子。"

13·7　子曰："齐戒以事鬼神①，择日月以见君，恐民之不敬也。"

【注释】

①齐——音摘，通斋。

【译解】

孔子说："斋戒之后来奉事鬼神，选择吉日来谒见国君，这是恐怕人们的不恭敬。"

13・8　子曰："狎侮死焉而不畏也①。"

【注释】

①狎——音匣。

【译解】

孔子说："有人唯好轻狎侮慢，至死也不知道畏惧。"

13・9　子曰："无辞不相接也，无礼不相见也，欲民之毋相亵也。《易》曰：'初筮告①，再三渎，渎则不告。'"

【注释】

①筮——音士。

【译解】

孔子说："没有言辞就不互相接待，没有礼物就不互相接见，这样规定，为了使人们不互相轻慢。《易经·蒙卦》说：'初来占问，筮者就告诉他吉凶，再三来占问就是亵渎神灵了，既然亵渎神灵，筮者就不用再告诉他了。'"

13·10　子言之："仁者，天下之表也。义者，天下之制也。报者，天下之利也。"

【译解】

孔子说："仁是天下的标准，义是天下的裁断原则，回报是天下的公利。"

13·11　子曰："以德报德，则民有所劝。以怨报怨，则民有所惩①。《诗》曰：'无言不雠②，无德不报。'《大甲》曰③：'民非后，无能胥以宁④；后非民，无以辟四方⑤。'"

【注释】

①惩——音成。　②雠——音绸。　③大——通太。　④胥——音须。　⑤辟——音必。

【译解】

孔子说："用德惠来报答别人对自己的恩惠，人民就会有所劝勉；用怨恨来报复别人对自己的仇怨，人民就会有所惩戒。《诗经·大雅·抑》篇说：'没有得不到酬答的语言，没有得不到回报的恩德。'《尚书·太甲》篇说：'人民没有帝王不能相互安宁，帝王没有人民不能君临四方。'"

13·12　子曰："以德报怨，则宽身之仁也①。以怨报德，则刑戮之民也②。"

【注释】

①仁——郑玄云："仁亦当为民，声之误。"   ②戮——音路。

【译解】

孔子说："用德惠来回报别人对自己的仇怨，这是苟求容身的人；用怨恨来回报别人对自己的恩德，这是应该刑杀的恶人。"

13·13 子曰："无欲而好仁者①，无畏而恶不仁者②，天下一人而已矣。是故君子议道自己，而置法以民。"

【注释】

①好——音浩。   ②恶——音物。

【译解】

孔子说："心无私欲而爱好仁德的，无所畏惧而憎恶不仁的，天下就那么个把人而已。因此，君子议论道德应该从自己出发，而设置法律就要根据人民的实情。"

13·14 子曰："仁有三，与仁同功而异情。与仁同功，其仁未可知也。与仁同过，然后其仁可知也。仁者安仁，知者利仁①，畏罪者强仁②。仁者右也，道者左也。仁者人也，道者义也。厚于仁者薄于义，亲而不尊；厚于义者薄于仁，尊而不亲。道有至、义，有考③。至道以王④，义道以霸，考道以为无失。"

【注释】

①知——同智。　②强——音抢。　③道有至、义，有考——郑玄云："此读当言'道有至有义有考'，字脱一'有'耳。"
④王——音旺。

【译解】

孔子说："仁有三种情况，施行仁道时功效相同而动机各异。行仁的功效相同，从效果上看，就不能知道他们各自行仁的动机。施行仁道时都犯了过错，然后才能知道他们各自行仁的动机。有道德的仁人自觉地安于行仁，有智谋的人有目的地利用仁，怕犯罪的人被动地勉强行仁。仁为主，好比人的右手；道为辅，好比人的左手。仁就是人情，道就是道义。厚于仁情的人薄于义理，令人亲爱而不甚尊敬；厚于义理的人薄于仁情，令人尊敬而不甚亲爱。道，有极为精当的至道，有断制得宜的义道，有尽心稽察的考道。实行至道可以为天下之王，实行义道可以称霸诸侯，实行考道可以避免过失。"

13·15　子言之："仁有数，义有长短小大。中心憯怛①，爱人之仁也。率法而强之，资仁者也。《诗》云：'丰水有芑②，武王岂不仕？诒厥孙谋③，以燕翼子。武王烝哉④！'数世之仁也。《国风》曰：'我今不阅，皇恤我后⑤。'终身之仁也。"

【注释】

①憯——音惨。怛——音达。　②芑——音起。　③诒——

音夷。 厥——音决。 ④烝——音征。 ⑤恤——音旭。

【译解】

孔子说："仁有程度高低，义也有长短大小。发自内心的悲痛，这是爱人的仁。依循善法而强力推行，这是取仁为手段的仁。《诗经·大雅·文王有声》篇说：'丰水中还生有芑菜，武王难道无事可做？他留给了子孙良谋善策，用来帮助子孙安乐。武王真是英明的君主哟！'这就是惠及几代的仁。《诗经·邶风·谷风》篇说：'我自身今天尚且不能见容，哪有工夫忧虑我的以后。'这说的是有关终生的仁。"

13·16 子曰："仁之为器重，其为道远，举者莫能胜也①，行者莫能致也。取数多者，仁也。夫勉于仁者不亦难乎②！是故君子以义度人③。则难为人；以人望人，则贤者可知已矣。"

【注释】

①胜——音升。 ②夫——音扶。 ③度——音夺。

【译解】

孔子说："仁犹如一件沉重的器具，一条遥远的道路，提举的人没有谁能胜任的，行走的人没有谁能到头的，只能取其数量较多的算作仁。那勉力行仁不是很难的吗！因此，君子从义理上去衡量人，就很难找到合乎标准的人；如果用人和人比较，那么就可以知道谁是贤者了。"

13·17　子曰："中心安仁者，天下一人而已矣。《大雅》曰：'德辎如毛①，民鲜克举之②。我仪图之，惟仲山甫举之，爱莫助之。'"

【注释】

①辎——音由。　②鲜——音显。

【译解】

孔子说："从内心里安于行仁的人，普天之下不过个把人而已。《诗经·大雅·烝民》篇说：'道德轻如毛发，很少有人能举它。我认真揣摩此事，惟有仲山甫能举起它，可惜没人帮助他。'"

13·18　《小雅》曰："高山仰止，景行行止①。"子曰："诗之好仁如此②。乡道而行③，中道而废，忘身之老也，不知年数之不足也，俛焉日有孳孳④，毙而后已。"

【注释】

①景行行止——上"行"名词，音杏。下同。　②好——音浩。③乡——通向。　④俛——音免，通勉。　孳——音兹。

【译解】

《诗经·小雅·车辇》篇说："高山为大家所仰望，大道为民众所共行。"孔子说："诗人爱好仁德如此强烈。面向大道而行，走到半路因力尽而暂停，忘记了本身的衰老，不知道在世年限已经不多了，仍然奋勉向前，日日勤劳不懈，死而后已。"

13·19　子曰："仁之难成久矣！人人失其所好，故仁者之过易辞也。"子曰："恭近礼，俭近仁，信近情。敬让以行，此虽有过，其不甚矣。夫恭寡过，情可信，俭易容也。以此失之者，不亦鲜乎！《诗》云：'温温恭人，惟德之基。'"

【译解】

孔子说："行仁道难以成功，由来已久了！从而人人对所爱好的仁道在理解和实践上未免存在偏失，所以履行仁道者的过错，因为不属于品德问题，容易谈论解说。"孔子说："恭敬接近礼，俭朴接近仁，诚信接近人情。恭敬谦让地做人行事，这样即使有过错，也不会是严重的了。恭敬能够少过，真情可以令人信任，俭朴就易于容身。因此而失败的，不是少有的吗！《诗经·大雅·抑》篇说：'态度温和，恭谨待人，才是道德的根基。'"

13·20　子曰："仁之难成久矣，惟君子能之。是故君子不以其所能者病人，不以人之所不能者愧人。是故圣人之制行也，不制以己，使民有所劝勉愧耻，以行其言。礼以节之，信以结之，容貌以文之，衣服以移之，朋友以极之，欲民之有壹也。《小雅》曰：'不愧于人，不畏于天。'是故君子服其服则文以君子之容，有其容则文以君子之辞，遂其辞则实以君子之德。是故君子耻服其服而无其容，耻有其容而无其辞，耻有其辞而无其德，耻有其德而无其行。是故君子衰绖则有哀色[①]，端冕则有

敬色，甲胄则有不可辱之色。《诗》云：'惟鹈在梁②，不
濡其翼③。彼记之子，不称其服④。'"

【注释】

①衰——音崔。　绖——音蝶。　②鹈——音题。　③濡——
音儒。　④称——音趁。

【译解】

孔子说："行仁道的难以成功，由来已久了！只有君子才能
成功。所以，君子不用自己所能做到的责怪别人，不用别人所不
能做到的羞辱别人。因此，圣人制定行为准则，不根据自己的水
准来制定，而是促使人民有所劝勉，有所羞愧，来实行他的训
导。用礼仪来节制他们，用诚信来团结他们，用容貌来文饰他
们，用衣服来改变他们，用朋友来提高他们，希望人民专心一意
地向善。《诗经·小雅·何人斯》篇说：'对人既问心无愧，对天
也心中无畏。'所以君子穿上他们的衣服，就要以君子的仪容来文
饰；有了君子的仪容，就要以君子的言辞来文饰；练就了君子的
言辞，就要以君子的品德来充实。因此，君子羞愧于身穿君子之
服而没有君子的仪容，羞愧于有着君子的仪容而没有君子的语
言，羞愧于有了君子的语言而没有君子的品德，羞愧于有了君子
的品德而没有君子的实际行动。因此，君子身着丧服就有悲哀的
神色，身穿礼服就有恭敬的神色，顶盔贯甲就有不可侵犯、不可
侮辱的神色。《诗经·曹风·候人》篇说：'鹈鹕在水梁上停立，
还能够不沾湿它们的羽翼；那些无德之徒，不配穿上那样的
官服。'"

13·21　子言之："君子之所谓义者，贵贱皆有事于天下。天子亲耕，粢盛秬鬯以事上帝①，故诸侯勤以辅事于天子。"

【注释】

①粢——音咨。　盛——音成。　秬——音巨。　鬯——音唱。

【译解】

孔子说："君子所谓的义，意思是说，不论尊卑贵贱，在天地间都要有所尊事。例如：天子亲耕籍田，用祭器盛着籍田谷物做的米饭，用郁金香草汁和黑黍米酿制香酒，来尊事上帝；所以各路诸侯也勤勉地辅事天子。"

13·22　子曰："下之事上也，虽有庇民之大德①，不敢有君民之心，仁之厚也。是故君子恭俭以求役仁，信让以求役礼，不自尚其事，不自尊其身，俭于位而寡于欲，让于贤，卑己而尊人，小心而畏义，求以事君，得之自是，不得自是，以听天命。《诗》云：'莫莫葛藟②，施于条枚③。凯弟君子④，求福不回。'其舜、禹、文王、周公之谓与⑤？有君民之大德，有事君之小心。《诗》云："惟此文王，小心翼翼。昭事上帝，聿怀多福⑥。厥德不回，以受方国。'"

【注释】

①庇——音必。　　②藟——音垒。　　③施——音益。

④弟——音替。　　⑤与——音余。　　⑥聿——音育。

【译解】

孔子说："在下位的公侯事奉在上位的天子，在下位的卿大夫事奉在上位的国君，即使自己有庇护人民的大德，也不敢有统领人民的心意，这是仁德的深厚。所以，君子恭敬俭朴以求服务于仁，诚信谦让以求服务于礼，不自推尚自己的工作，不自尊崇自己的身份，对地位不奢求，对欲望很寡少，逊让贤人，谦卑自己而尊重别人，小心谨慎而敬畏道义，要求自己用这样的态度事奉君王，得意时是这样，不得意时也是这样，听天由命。《诗经·大雅·旱麓》篇说：'茂密的野葡萄，爬上了大树的枝条。和乐平易的君子，求福不走邪道。'这说的是舜、禹、文王、周公吧？他们都有统理人民的大德，都有敬事君王的小心。《诗经·大雅·大明》篇说：'啊！这位文王，为人小心翼翼。昭明地事奉上帝，招致了许多福利。他的德行一点不坏，受到四方诸侯的拥戴。'"

13·23　子曰："先生谥以尊名，节以壹惠，耻名之浮于行也。是故君子不自大其事，不自尚其功，以求处情①；过行弗率，以求处厚；彰人之善而美人之功，以求下贤。是故君子虽自卑而民敬尊之。"子曰："后稷，天下之为烈也，岂一手一足哉！唯欲行之浮于名也，故自谓便人。"

【注释】

①处——音杵。

【译解】

孔子说:"先王按例为死去的公侯卿大夫拟定谥号,借以尊崇死者的名誉,只节取死者一项突出优点来定谥,耻于让死者的声名超过实际品行。所以,君子不自己夸大自己的事业,不自己推崇自己的功绩,以求处于情实之中;有了过失行为,不复因循,以求处于仁厚之道;表彰别人的优点而赞美别人的功绩,以求屈己尊贤。因此,君子虽然自己谦卑,而人民却尊敬他。"孔子说:"后稷创始农业,这本是天地间的伟大功业,受惠的岂只是一两个人呢!但他只想使自己的行为超出名声,所以就自称是个熟悉农事的人。"

13·24 子言之:"君子之所谓仁者,其难乎!《诗》云:'凯弟君子,民之父母。'凯以强教之,弟以说安之①。乐而毋荒,有礼而亲,威庄而安,孝慈而敬。使民有父之尊,有母之亲。如此而后可以为民父母矣,非至德其孰能如此乎?今父之亲子也,亲贤而下无能;母之亲子也,贤则亲之,无能则怜之。母亲而不尊,父尊而不亲。水之于民也,亲而不尊,火尊而不亲。土之于民也,亲而不尊,天尊而不亲。命之于民也,亲而不尊,鬼尊而不亲。"

【注释】

①弟——音替,通悌。 说——音月,通悦。

【译解】

孔子说："君子所说的仁，那是很难做到的!《诗经·大雅·洞酌》篇说：'和乐平易的君子，是人民的父母。'君子用和乐教育人，使人自强；用平易感化人，使人安悦。做到快乐而不荒废事务，有礼而相亲，威严庄重而相安，孝顺慈爱而相敬。任使人民既有父亲般的尊严，又有母亲般的亲切，如此而后可以作为人民的父母了。除非具有最高品德的人，谁能这样呢？现在做父亲的爱儿子，情况是，亲爱贤能的，鄙视无能的；做母亲的爱儿子，情况是，亲爱贤能的，怜爱无能的。母亲亲切而不够尊严，父亲尊严而不够亲切。一般说来，水对于人民可亲近而不尊严，火尊严而不可亲近；土地对于人民可亲近而不尊严，天尊严而不可亲近；政令对于人民可亲近而不尊严，鬼神尊严而不可亲近。"

13·25　子曰："夏道尊命，事鬼敬神而远之，近人而忠焉，先禄而后威，先赏而后罚，亲而不尊；其民之敝，惷而愚①，乔而野②，朴而不文。殷人尊神，率民以事神，先鬼而后礼，先罚而后赏，尊而不亲；其民之敝，荡而不静，胜而无耻。周人尊礼尚施，事鬼敬神而远之，近人而忠焉，其赏罚用爵列，亲而不尊；其民之敝，利而巧，文而不惭，贼而蔽。"

【注释】

①惷——音冲。　②乔——音交，通骄。

【译解】

孔子说："夏代的治国之道是尊崇政令，敬事鬼神而使之远离政教，接近人民而情意忠实，以俸禄待遇为先而以严格要求为后，以奖赏为先而以刑罚为后，所以他们的政风是亲切而不尊严；夏代人民的流弊是，拙笨而愚昧，骄傲而粗野，质朴而不文雅。殷代人尊崇鬼神，君主率领人民来事奉鬼神，以鬼神为先而以礼教为后，以刑罚为先而以奖赏为后，所以他们的政风是尊严而不亲切；殷代人民的流弊是，放荡而不安静，争强好胜而不知羞耻。周代人尊崇礼法，推尚施与，敬事鬼神而使之远离政教，接近人民而情意忠实，其行赏施罚的轻重视爵位尊卑而定，所以他们的政风是亲切而不尊严；周代人民的流弊是，趋利而取巧，文过饰非而大言不惭，害人败事而手法隐蔽。"

13·26 子曰："夏道未渎辞，不求备，不大望于民，民未厌其亲；殷人未渎礼，而求备于民；周人强民①，未渎神，而赏爵刑罚穷矣。"

【注释】

①强——音抢。

【译解】

孔子说："夏代行政之道未尝烦渎言辞，不求全责备，不过大地向人民责求赋税，人民还没有厌弃亲上的感情。殷代统治者还未烦渎礼仪，但对人民求全责备。周代统治者勉强人民奉行政教，虽未烦渎鬼神，然而奖赏进爵、施刑处罚方面已经到了尽头了。"

13·27　子曰："虞夏之道，寡怨于民；殷周之道，不胜其敝①。"子曰："虞夏之质，殷周之文，至矣。虞夏之文不胜其质，殷周之质不胜其文。"

【注释】

①胜——音升。

【译解】

孔子说："虞代、夏代的治国之道，民怨尚少；殷代、周代的治国之道，有着不能克服的流弊。"孔子说："虞代、夏代的质朴，殷代、周代的文采，都到顶点了。虞代、夏代的文采胜不过他们的质朴，而殷代、周代的质朴却又胜不过他们的文采。"

13·28　子言之曰："后世虽有作者，虞帝弗可及也已矣。君天下，生无私，死不厚其子，子民如父母，有憯怛之爱，有忠利之教，亲而尊，安而敬，威而爱，富而有礼，惠而能散。其君子尊仁畏义，耻费轻实，忠而不犯，义而顺，文而静，宽而有辨。《甫刑》曰：'德威惟威，德明惟明。'非虞帝其孰能如此乎？"

【译解】

孔子说："后世即使有创造良政的明王，也赶不上虞帝大舜了。虞舜君临天下，在世时心底无私，死后也不厚待自己的儿子，慈爱人民犹如父母对待子女，有忧伤痛苦的热爱，有忠实利人的教海，亲切而尊严，安详而恭敬，威严而又仁爱，富足而有礼。施惠于人而能散布得宜。虞舜的士大夫们，尊崇仁德，敬畏道义，既耻于浪费又轻视钱财，忠诚而不犯上，坚持正义而又态度恭顺，文雅而稳重，宽弘而明辨。《尚书·甫刑》篇说：'道德的威严令人敬畏，道德的光明令人英明。'除非虞舜，谁能做到这样呢？"

13·29　子言之："事君先资其言，拜自献其身，以成其信。是故君有责于其臣，臣有死于其言。故其受禄不诬，其受罪益寡。"

【译解】

孔子说："事奉国君，先要借助于自己的建议，国君采纳，自己拜受君命，献身性地去工作，来成全个人的忠信。所以国君对他的臣下有责成的权力，臣下对自己的建议有效死实现的决心。因此臣下居官受禄就不会虚妄无实，他们因失职渎职而受罚得罪的自必日益寡少。"

13·30　子曰："事君，大言入则望大利，小言入则望小利。故君子不以小言受大禄，不以大言受小禄。《易》曰：'不家食，吉。'"

【译解】

孔子说："事奉国君，进纳大的建议，就能期望给国家带来大利益，进纳小的建议就能期望给国家带来小利益。所以君子不因为小建议的实施而接受大的俸禄，也不会因为大建议的实现而只受到小的俸禄，俸禄大小视功德大小而定。《易经·大畜》卦说：'国君有大的积蓄，不仅与家人共同食用而已，应当招贤授禄，这才吉利。'"

13·31　子曰："事君不下达，不尚辞，非其人弗自。《小雅》曰：'靖共尔位①，正直是与②。神之听之，式谷以女③。'"

【注释】

①靖——音静。　共——音工，通恭。　②与——音雨。
③女——通汝。

【译解】

孔子说："事奉国君，不将内容低下的事情通禀，不崇尚浮华辞令，不是正派人就不由他举荐进用。《诗经·小雅·小明》篇说：'安详恭谨地守位尽职，与正直的人在一起；神明视听不爽，会将好处给你。'"

13·32　子曰："事君远而谏则谄也①，近而不谏则尸利也。"子曰："迩臣守和②，宰正百官，大臣虑四方。"子曰："事君欲谏不欲陈。《诗》云：'心乎爱矣，瑕不谓矣？中心藏之，何日忘之③。'"

【注释】

①谄——音产。　②迩——音耳。　③忘——音王。

【译解】

孔子说："事奉国君，如果是与国君疏远的小臣而强行谏争，那就是巴结谄佞；如果是国君的近臣而不进行劝谏，那就是尸位素餐空受利禄。"孔子说："国君的左右近臣谨守调和君德之职，宰相端正百官，大臣们谋虑国家四方大事。"孔子说："事奉国君，国君有了过失，作为臣下要劝谏，而不要在外张扬。《诗经·小雅·隰桑》篇说：'心里将他敬爱，何不给予忠告？衷心将他喜好，何时能够忘掉。'"

13·33　子曰："事君难进而易退，则位有序；易进而难退，则乱也。故君子三揖而进，一辞而退，以远乱也。"子曰："事君三违而不出竟①，则利禄也。人虽曰不要②，吾弗信也。"

【注释】

①竟——同境。　②要——音邀。

【译解】

孔子说："君子事奉国君，要难于接受进升而易于主动辞职，务使德位相称，那么各个官位就位得其人，井然有序了。如果贪图权名利禄，轻易地追求进升而难于主动引退，致使德位不相称，那就造成混乱了。所以君子宾主相见时，三次作揖而进入，一次告辞而退出，就是用以远离混乱。"孔子说："事奉国君，三次政见不合而不辞职出境，那就是贪图俸禄。别人即使说他无所企求，我也是不相信的。"

13·34　子曰："事君慎始而敬终。"

【译解】

孔子说："事奉国君，要以谨慎开始，要以恭敬告终。"

13·35　子曰："事君可贵可贱，可富可贫，可生可杀，而不可使为乱。"

【译解】

孔子说："事奉国君，国君可以使臣下尊贵，可以使臣下卑贱，可以使臣下富有，可以使臣下贫穷，可以使臣下生，可以使臣下死，就是不可以使臣下违乎礼义地乱来。"

13·36　子曰："事君，军旅不辟难①，朝廷不辞贱。处其位而不履其事，则乱也。故君使其臣，得志则慎虑而从之，否则孰虑而从之，终事而退，臣之厚也。《易》曰：'不事王侯，高尚其事。'"

【注释】

①辟——通避。　难——去声。

【译解】

孔子说："事奉国君，在军队中不逃避危难，在朝廷上不推辞卑贱职务。处在某种职位而不履行其职事，那就乱了。所以，国君任使臣下办事，臣下觉得合乎心愿，慎重考虑之后就积极从事；臣下觉得不合乎心愿，深思熟虑之后再积极从事，事情办完而后引退，这是臣下应有的忠厚。《易经·蛊》卦说：'不是事奉王侯，而是崇尚事业。'"

13·37　子曰："唯天子受命于天，士受命于君。故君命顺则臣有顺命，君命逆则臣有逆命。《诗》曰：'鹊之姜姜，鹑之贲贲①。人之无良，我以为君。'"

【注释】

①鹑——音纯。　贲——音奔。

【译解】

孔子说："唯有天子受命于天，官吏受命于君主。所以，君主的命令顺应天命，臣下就顺从君命；君主的命令背逆天命，臣下就背逆君命。《诗经·鹑之奔奔》篇说：'喜鹊双双地飞翔，鹌鹑对对地依傍。这个人没有天良，却做了我们的国王。'"

13·38　子曰："君子不以辞尽人。故天下有道，则行有枝叶；天下无道，则辞有枝叶。是故君子于有丧者之侧，不能赙焉①，则不问其所费；于有病者之侧，不能馈焉，则不问其所欲；有客不能馆，则不问其所舍。故君子之接如水，小人之接如醴。君子淡以成，小人甘以坏。《小雅》曰：'盗言孔甘，乱是用馋②。'"

【注释】

①赙——音附。　②馋——音谈。

【译解】

孔子说："君子不根据一个人的某些言辞就断定他的整个为人。天下有道时期，人们美好的行为多如枝叶；天下无道时期，人们漂亮的言辞多如枝叶。所以，君子在有丧事人的旁侧，如果不能资助他，就不问人家要用多少花费；在病人的旁侧，如果不能馈赠他，就不问人家需要什么；有远客来访，如果不能让客人留住，就不问人家住在何处。所以，君子之间的交际清淡如水，小人之间的交际浓如甜酒。君子之交虽淡，却因而成事；小人之交虽甜，倒因而坏事。《诗经·小雅·巧言》篇说：'坏人的话听来很甜，端来祸乱请你进餐。'"

13·39　子曰："君子不以口誉人，则民作忠。故君子问人之寒则衣之①，问人之饥则食之②，称人之美则爵之。《国风》曰：'心之忧矣，于我归说③。'"

【注释】

①衣——音益。　　②食——音嗣。　　③说——音税。

【译解】

孔子说："君子不用空话称赞人，那人民就会兴起忠实的风气。所以君子向人问寒，就送衣服给人穿；向人问饥，就送食物给人吃；称赞人的美德，就要给以爵位。《诗经·曹风·蜉蝣》篇说：'你使我心很忧虑，跟我回家去歇息。'"

13·40　子曰："口惠而实不至，怨菑及其身①。是故君子与其有诺责也，宁有已怨。《国风》曰：'言笑晏晏，信誓旦旦。不思其反。反是不思，亦已焉哉！'"

【注释】

①菑——同灾。

【译解】

孔子说："口说给人恩惠而实际恩惠不至，怨恨甚至灾祸就要临到他的身上。因此，君子与其有因应诺不兑现而受到的指责，不如有因不应诺而受到的埋怨。《诗经·卫风·氓》篇说：'当初谈笑和和悦悦，赌咒发誓恳恳切切，而今他不反思过去的岁月。他连往日的诺言想都不想，那也只好恩断义绝。'"

13·41　子曰："君子不以色亲人。情疏而貌亲，在小人则穿窬之盗也与①？"

【注释】

①窬——音俞。

【译解】

孔子说："君子不光用脸色向人表示亲热。感情疏远而外貌装出亲热，这在平民百姓当中不就是掏墙洞的盗贼吗？"

13·42　子曰："情欲信，辞欲巧。"

【译解】

孔子说："感情要诚信，言辞要有技巧。"

13·43　子言之："昔三代明王，皆事天地之神明，无非卜筮之用，不敢以其私亵事上帝。是故不犯日月，不违卜筮。卜、筮不相袭也。大事有时日，小事无时日，有筮。外事用刚日，内事用柔日。不违龟筮。"

【译解】

孔子说："从前夏、商、周三代圣明的帝王都事奉天地神明，做大事没有不用占卜决定的，不敢凭私意轻慢地事奉上帝。所以不冲犯不吉利的日月，不违背龟甲、蓍茎所显示的吉凶。用龟甲卜了就不用蓍茎再筮，用蓍茎筮了就不用龟甲再卜，卜筮不相重复。大的祭事有固定的时日，但祭前也卜，示不敢专；小的祭事没有固定的时日，用筮决定。祭祀天地神祇选用刚日，即一旬中的甲丙戊庚壬等单数日；祭祀宗庙选用柔日，即一旬中的乙丁己辛癸等偶数日。不违背龟卜蓍筮的指示。"

13·44　子曰："牲牷、礼乐、齐盛①，是以无害乎鬼神，无怨乎百姓。"

【注释】

①牷——音全。　齐——音资，通斋、粢。　盛——音成。

【译解】

孔子说："祭祀当中，祭牲毛色纯正，礼乐齐备，黍饭、稷饭精洁，因此对鬼神都适宜无害，使百姓都满意无怨。"

13·45　子曰："后稷之祀易富也。其辞恭，其欲

俭，其禄及子孙。《诗》曰：'后稷兆祀，庶无罪悔，以
迄于今^①。'"

【注释】

①迄——音气。

【译解】

孔子说："对后稷的祭祀是容易备办的。因为他的言辞谦恭，
他的欲望俭素，他的福禄施及子孙。《诗经·大雅·生民》篇说：
'从后稷开始的祭典，几乎没有什么遗憾，一直到了今天。'"

13·46　子曰："大人之器威敬。天子无筮，诸侯
有守筮。天子道以筮。诸侯非其国不以筮，卜宅寝室。
天子不卜处大庙^①。"

【注释】

①大——通太。

【译解】

孔子说："身居大位之人的器物，很有威严，很受敬重。天
子在京师用卜不用筮，诸侯有守国之筮。天子出行，在道途中有
小事就用筮。诸侯不在自己的国内不用筮，在外国，要卜所住寝
室。天子来到诸侯的国家，必住在诸侯的太庙中，无须卜问
吉凶。"

13·47　子曰："君子敬则用祭器。是以不废日月，不
违龟筮，以敬事其君长；是以上不渎于民，下不亵于上。"

【译解】

孔子说:"君子敬重贵宾,宴飨时就使用祭祀的器皿。所以,在下位的人都能不旷废规定的日月,不违背卜筮的指示,来恭敬地奉事自己的君长;所以,上面的人不烦渎人民,下面的人不敢轻慢上面的人。"

缁　衣*

共二十五章

14·1　子言之曰："为上易事也，为下易知也，则刑不烦矣。"

【译解】

孔子说："做君上的宽厚，臣下容易事奉，做臣下的忠诚，君上容易了解，那么刑罚就不烦多了。"

14·2　子曰："好贤如《缁衣》①，恶恶如《巷伯》②，则爵不渎而民作愿③，刑不试而民咸服。《大雅》曰：'仪刑文王，万国作孚④。'"

【注释】

①好——音浩。　缁——音兹。　②恶恶——上音物，下音饿。　③愿——音院。　④孚——音浮。

【译解】

孔子说："爱好贤人如同《诗经·郑风·缁衣》篇所讲的那样，憎恨恶人如同《诗经·小雅·巷伯》篇所讲的那样，那么，爵位就不会滥授而人民也就兴起了谨厚的风气，刑罚不须动用而人民就都会服从了。《诗经·大雅·文王》篇说：'效法文王，万国兴起诚信。'"

14·3　子曰："夫民教之以德①，齐之以礼，则民有格心。教之以政，齐之以刑，则民有遯心②。故君民者子以爱之③，则民亲之；信以结之，则民不倍④；恭以涖之⑤，则民有孙心⑥。《甫刑》曰：'苗民匪用命，制以刑，惟作五虐之刑，曰法。'是以民有恶德，而遂绝其世也。"

【注释】

①夫——音扶。　②遯——遁的本字。　③子——音磁，通慈。　④倍——通背。　⑤涖——音立。　⑥孙——音训，通逊。

【译解】

孔子说："人民，用道德教育他们，用礼义整顿他们，那人民就有进取向上之心；用政令来教导他们，用刑罚来整顿他们，那人民就有逃避罪责之心。所以，统治人民的人，像爱护儿女般地爱护人民，人民就亲近他；用诚信来团结人民，人民就不背叛他；用恭敬的态度接待人民，人民就有顺从之心。《尚书·甫刑》

篇说：'苗人不听从命令，就用刑罚管制他们，制作了五种酷刑，而称之为法。'因此苗人的品德日益恶劣，而终于绝了后代。"

14·4　子曰："下之事上也，不从其所令，从其所行。上好是物，下必有甚者矣。故上之所好恶不可不慎也①，是民之表也。"

【注释】

①好——音浩。　恶——音物。

【译解】

孔子说："下面的人事奉上面的人，不是听从他的命令，而是追随他的行为。君上爱好这项事物，下面的臣民一定比他爱好得更甚。所以君上的爱好和憎恶不可以不慎重，因为他是人民的表率。"

14·5　子曰："禹立三年，百姓以仁遂焉，岂必尽仁？《诗》云：'赫赫师尹，民具尔瞻。'《甫刑》曰：'一人有庆，兆民赖之。'《大雅》曰：'成王之孚，下土之式。'"

【译解】

孔子说："禹即位才三年，人民的仁德就有了成就，难道他们原来就一定都有仁德吗？不过是受了禹的感化。《诗经·小雅·节南山》篇说：'地位显赫的尹太师，人民都在注视着你。'《尚书·甫刑》篇说：'天子一人有了善德，千万人民就有了依赖。'《诗经·大雅·下武》篇说：'成王的诚信，就是大地人民的法式。’”

14·6　子曰：“上好仁，则下之为仁争先人。故长民者章志、贞教、尊仁以子爱百姓^①，民致行己以说其上矣^②。《诗》云：‘有梏德行^③，四国顺之。’”

【注释】

①长——音掌。　子——通慈。　　②说——通悦。　　③梏——音决。　行——音杏。

【译解】

孔子说：“上面的人喜好仁，那么下面的人就会争先行仁，唯恐落后。所以，统治人民的人应该彰明心志，端正教化，尊崇仁德，来慈爱百姓，人民就会致力于修养自己来取悦于他们的君上。《诗经·大雅·抑》篇说：‘有了正大的德行，四方国家都会顺从。’”

14·7　子曰：“王言如丝，其出如纶^①；王言如纶，其出如綍^②。故大人不倡游言。可言也，不可行，君子弗言也；可行也，不可言，君子弗行也。则民言不危行，而行不危言矣。《诗》云：‘淑慎尔止，不愆于仪^③。’”

【注释】

①纶——音轮。　　②綍——音符，同绋。　　③愆——音千，古愆字。

【译解】

孔子说：“君王说的话本来如同蚕丝那么细，传出之后，臣民听来就如同绶带那么粗了；君王说的话本来如同绶带那么细，传出之后，臣民听来就如同引棺大绳那么粗了。所以，身居大位的人不该倡导虚浮不实的言论。可以说说而不可以实行的话，君子不说；可以做而不可以说出的事，君子不做。那么，人民就会言行相符，言论既不会高出行为，行为也不会超越言论。《诗经·大雅·抑》篇说：'好好地慎重你的举止，不要在礼仪上出现过失。'"

14·8　子曰："君子道人以言①，而禁人以行，故言必虑其所终，而行必稽其所敝②，则民谨于言而慎于行。《诗》云：'慎尔出话，敬尔威仪。'《大雅》曰：'穆穆文王，於缉熙敬止③。'"

【注释】

①道——音倒，通导。　②稽——音基。　③於——音乌。缉——音气。

【译解】

孔子说："君子用语言教导人们向善，用行动禁止人们作恶。所以，说话必须要考虑它的后果，行动必须要核查它的弊端，那么人民就会谨言慎行了。《诗经·大雅·抑》篇说：'慎重你的发话，敬谨你的威仪。'《诗经·大雅·文王》篇说：'端庄肃穆的文王啊！不断地走向光明，敬慎自己所处的地位。'"

14·9　子曰："长民者衣服不贰，从容有常，以齐其民，则民德壹。《诗》云：'彼都人士，狐裘黄黄。其容不改，出言有章。行归于周，万民所望。'"

【译解】

孔子说："作为人民的君长，服装样式不变，举止具有常规，用以整齐他的人民，那么，人民的德行才会划一。《诗经·小雅·都人士》篇说：'那些京都人士，狐皮裘色黄黄。他们的仪容不改，他们出口成章。将要归往周京，实为万民仰望。'"

14·10 子曰："为上可望而知也，为下可述而志也，则君不疑于其臣，而臣不惑于其君矣。《尹吉》曰①：'惟尹躬及汤，咸有壹德。'《诗》云：'淑人君子，其仪不忒②。'"

【注释】

①吉——郑玄云："吉当为告。告，古文诰字之误也。"
②忒——音特。

【译解】

孔子说："作为君上可以一望而知他的心态，作为臣下可以循其言貌而认识他的心情，那么，君上就不怀疑他的臣下，而臣下也就不疑惑他的君上了。《尹诰》说：'惟有我伊尹和汤都有纯一的道德。'《诗经·曹风·鸤鸠》篇说：'善人君子，他的仪态没有差错。'"

14·11 子曰："有国家者章义瘅恶①，以示民厚，则民情不贰。《诗》云：'靖共尔位②，好是正直③。'"

【注释】

①瘅——音胆。　　②共——音工，通恭。　　③好——音浩。

【译解】

孔子说："据有国家的人，表彰正义，痛恨邪恶，来向人民昭示政教立意的深厚，这样，民情才能专一不贰。《诗经·小雅·小明》篇说：'安详恭谨地守位尽职，爱好的就是这种正直。'"

14·12　子曰："上人疑则百姓惑，下难知则君长劳①。故君民者章好以示民俗②，慎恶以御民之淫③，则民不惑矣。臣仪行④，不重辞，不援其所不及，不烦其所不知，则君不劳矣。《诗》云：'上帝板板，下民卒瘅。'《小雅》曰：'匪其止共⑤，惟王之邛⑥。'"

【注释】

①长——音掌。　　②好——音浩。　　③恶——音物。
④仪——郑玄云："仪当为义，声之误也。"　　⑤共——通恭。
⑥邛——音穷。

【译解】

孔子说："君上的态度迟疑，那百姓就会迷惑；臣下难以理解，那君长就会劳神。所以统治人民的人，要彰明良好的品德，用以教示民俗，要禁戒罪恶的行为，来制约人民的贪淫，那么人民就不迷惑了。臣下依道而行，不注重浮华辞令，国君能力所做不到的事，不去支持他，国君智力所不能知晓的事，不去烦扰他，那么国君就不劳苦了。《诗经·大雅·板》篇说：'上帝乖戾暴横，下民全都困病。'《诗经·小雅·巧言》篇说：'臣下并非举止谦恭，只让国王劳苦大增。'"

14·13　子曰："政之不行也，教之不成也，爵禄不足劝也，刑罚不足耻也，故上不可以亵刑而轻爵。《康诰》曰：'敬明乃罚。'《甫刑》曰：'播刑之不迪①。'"

【注释】

①播刑之不迪——郑玄云："'不'，衍字耳。"

【译解】

孔子说："政令之不能推行，教化之不能成功，是由于颁爵授禄不能令人劝勉，处罚施刑不能令人羞耻。所以君上不可以滥用刑罚而轻易授爵。《尚书·康诰》说：'敬慎公明地施用你的刑罚。'《尚书·甫刑》说：'颁布刑罚要合道理。'"

14·14　子曰："大臣不亲，百姓不宁，则忠敬不足而富贵已过也。大臣不治，而迩臣比矣①。故大臣不可不敬也，是民之表也；迩臣不可不慎也，是民之道也。君毋以小谋大，毋以远言近，毋以内图外，则大臣不怨，迩臣不疾，而远臣不蔽矣。叶公之顾命曰②：'毋以小谋败大作，毋以嬖御人疾庄后③，毋以嬖御士疾庄士、大夫、卿士。'"

【注释】

①迩——音耳。　②叶——音设。　③壁——音必。

【译解】

孔子说："大臣不亲附国君，从而百姓不得安宁，这是由于大臣对国君的忠诚不足，国君对大臣的敬重不够，而他们的富贵又已经超过了限度。大臣不治理国政，而国君身边的近臣就私相比附欺骗国君了。所以国君对于大臣不可不敬重，因为大臣是民众的表率；国君对于近臣不可不审慎地选择，因为近臣是人民联系国君的途径。国君不要和小臣谋虑大臣的事，不要和远臣谈论近臣的事，不要和内臣图谋外臣的事，这样，大臣就不会抱怨，近臣就不会嫉妒，而远臣也不会受到壅蔽。叶公的遗嘱说：'不要用小臣的计谋来败坏大臣的作为，不要因宠幸的贱妾而忌恨庄重的皇后，不要因宠幸的小臣而憎恶庄重的士、大夫、卿。'"

14·15　子曰："大人不亲其所贤，而信其所贱，民是以亲失，而教是以烦。《诗》云：'彼求我则，如不我得。执我仇仇①，亦不我力。'《君陈》曰：'未见圣，若己弗克见；既见圣，亦不克由圣。'"

【注释】

①仇——音求。

【译解】

孔子说："执政大人不亲近那些贤人，而信任那些卑鄙小人，那么，人民因此会失去所当亲近的人，而教化也会由此烦乱了。

《诗经·小雅·正月》篇说：'当初那君王礼求于我，好像唯恐求而不得。招致我后反而怠慢，也不让我的才力得以展现。'《尚书·君陈》篇说：'未曾见到圣道，好像自己不可能见到；见到圣道之后，却又不能应用圣道。'"

14·16 子曰："小人溺于水，君子溺于口，大人溺于民，皆在其所亵也。夫水近于人而溺人[1]，德易狎而难亲也[2]，易以溺人。口费而烦，易出难悔，易以溺人；夫民闭于人而有鄙心，可敬不可慢，易以溺人。故君子不可以不慎也。《大甲》曰[3]：'毋越厥命以自覆也[4]。''若虞机张，往省括于厥度则释[5]'。《兑命》曰[6]：'惟口起羞，惟甲胄起兵，惟衣裳在笥[7]，惟干戈省厥躬。'《大甲》曰：'天作孽，可违也；自作孽，不可以逭[8]。'《尹吉》曰[9]：'惟尹躬天见于西邑夏[10]，自周有终，相亦惟终[11]。'"

【注释】

①夫——音扶。 ②狎——音匣。 ③大——通太。
④厥——音决。 ⑤省——音醒。下同。 ⑥兑——音月。郑玄云："兑当为说。"说音悦。 ⑦裳——音常。 笥——音寺。
⑧逭——音唤。 ⑨吉——亦告字之误。 ⑩天——郑玄云："天当为先，字之误。" ⑪相——音象。

【译解】

孔子说："小人淹死在水里，君子淹死在嘴里，执政大人淹死在人民的洪流里，都是在于他们有所轻慢。那水接近人而能淹死人；道德的微小浅近处容易狎习，而博大精深处难以亲近，容易令人有沉溺于大水之感。说空话而且絮烦，话容易出口而难以追悔，容易招致灭顶之灾；那一般民众闭塞于人情事理，而有卑鄙之心，对他们只可敬重，不可怠慢，他们容易把大人淹死。所以君子是不可以不慎重的。《尚书·太甲》篇说：'不要使你的教命越出正轨而自取覆败。就像猎人把弩机张开，省视箭头对准那猎物再放箭。'《尚书·兑命》篇说：'嘴是说话的，而能引起羞辱；盔甲是御敌的，而能引起战争；朝服祭服是穿着行礼的，不用就妥放在竹箱之中；盾牌和矛戈是用来征讨的，当反省自身，不可妄加无辜。'《尚书·太甲》篇说：'上天作孽，尚可离去；自己作孽，无处逃避。'《尹诰》说：'伊尹先前亲身见到夏代西邑的政局，国君以忠信治国多有成就，辅助大臣也有成就。'"

14·17 子曰："民以君为心，君以民为体。心庄则体舒，心肃则容敬。心好之①，身必安之；君好之，民必欲之。心以体全，亦以体伤；君以民存，亦以民亡。《诗》云：'昔吾有先正②，其言明且清，国家以宁，都邑以成，庶民以生。''谁能秉国成？不自为正，卒劳百姓。'《君雅》曰③：'夏日暑雨，小民惟曰怨；资冬祁寒④，小民亦惟曰怨。'"

【注释】

①好——音浩。　②正——音征。　③雅——音芽，通牙。

④资——郑玄云："资当为至，声之误也。"　祁——音其。

【译解】

孔子说："人民把君主当作心脏，君主把人民当作身体。心情庄重，那身体就安舒；心情严肃，那容貌就恭敬。心中有所喜好，那身体必定适应。君主喜好的，人民必定照样希求。心因身体而获得保全，也因身体而受到伤害；君主因为民众的拥戴而得以生存，也因为人民的不满而导致灭亡。古诗曰：'从前我们有位先世的贤臣，他的言谈明达而且公平，国家得以安宁，城市得以建成，民众得以安生。'《诗经·大雅·节南山》篇说：'谁能执掌国政？自己居官不正，结果劳苦了百姓。'《尚书·君雅》篇说：'夏天暑热阴雨，小民满口抱怨，及至冬季严寒，小民也是满口抱怨。'"

14·18　子曰："下之事上也，身不正，言不信，则义不壹，行无类也①。"

【注释】

①行——音杏。

【译解】

孔子说："下面人事奉上面人，如果本身不正，言而无信，那么，情义就不专一，行为就不像样了。"

14·19　子曰："言有物而行有格也，是以生则不可夺志，死则不可夺名。故君子多闻，质而守之；多志，质而亲之；精知，略而行之。《君陈》曰：'出入自尔师虞，庶言同。'《诗》云：'淑人君子，其仪一也。'"

【译解】

孔子说："说话是要有事验的，而行为是要有规格的，因此，活着时不可被剥夺志向，死后不可被剥夺名声。所以，君子要多闻往事，选择主要的而牢守不失；要多多结识人才，选择主要的而加以亲近；知识要博大精深，择取要略而付诸行动。《尚书·君陈》篇说：'政教出入，由你的臣众来谋度，大家意见相同再实施。'《诗经·曹风·鸤鸠》篇说：'善人君子，他们的仪度纯一。'"

14·20　子曰："唯君子能好其正①，小人毒其正。故君子之朋友有乡②，其恶有方③。是故迩者不惑而远者不疑也。《诗》云：'君子好仇④。'"

【注释】

①好——音浩。　②乡——通向。　③恶——音物。④好——音浩。　仇——音求。

【译解】

孔子说："唯有君子能够喜好正直、正派，而小人憎恨正直、正派。所以君子交的朋友有同样的志向，他所厌恶的也有一定的原则。因此，接近他的人对他无所迷惑，而远离他的人也不生怀疑。《诗经·周南·关雎》篇说：'君子喜好品德相当的朋友。'"

14·21　子曰："轻绝贫贱而重绝富贵，则好贤不坚而恶恶不著也①。人虽曰不利，吾不信也。《诗》云：'朋友攸摄②，摄以威仪。'"

【注释】

①恶恶——上音物，下音饿。　②攸——音优。

【译解】

孔子说："轻易地和贫贱的朋友绝交，而难于和富贵的朋友绝交，就是好贤之心不坚定，嫉恶之心不显著。即使有人说他不是为了私利，我也不信。《诗经·大雅·既醉》篇说：'朋友之间所相互牵引的，就是以美德威仪来维系。'"

14·22　子曰："私惠不归德，君子不自留焉。《诗》云：'人之好我①，示我周行②。'"

【注释】

①好——音浩。　②行——音杭。

【译解】

孔子说："私自施惠而不归依公德的，君子一定不收留不接受的。《诗经·小雅·鹿鸣》篇说：'人们爱护我，指示我大道。'"

14·23　子曰："苟有车，必见其轼；苟有衣，必见其敝；人苟或言之，必闻其声；苟或行之，必见其成。

《葛覃》曰①：'服之无射②。'"

【注释】

①覃——音谈。 ②射——音亦。

【译解】

孔子说："他果真有车，必能见到那车前的横木；他果真有衣，必能见到他穿到破旧；果真有人说话，必定能听到声音；果真有人做事，定会见到成效。《诗经·周南·葛覃》篇说：'穿上它从不厌恶。'"

14·24 子曰："言从而行之，则言不可饰也；行从而言之，则行不可饰也。故君子寡言而行以成其信①，则民不得大其美而小其恶。《诗》云：'白圭之玷②，尚可磨也；斯言之玷，不可为也。'《小雅》曰：'允也君子，展也大成。'《君奭》曰③：'昔在上帝，周田观文王之德④，其集大命于厥躬。'"

【注释】

①寡——郑玄云："寡当为顾，声之误也。" ②玷——音店。
③奭——音释。 ④田观——郑玄谓古文作"申劝"。

【译解】

孔子说："说了话跟着就做，那么所说的话就不能夸饰；做了事跟着就说，那么所做的事就不能掩饰。所以君子顾及自己的言论而行事，来成全个人的威信，那么人民就不能夸大自己的功善而缩小自己的过错。《诗经·大雅·抑》篇说：'白玉圭的斑点，还可以磨;这语言的污点,却无可奈何。'《诗经·小雅·车攻》篇说:'诚信的君子,确实大有成就。'《尚书·君奭》篇说:'从前上帝周详反覆地观察文王的德行,就将伟大的天命降在他的身上。'"

14·25 子曰:"南人有言曰:'人而无恒,不可以为卜筮。'古之遗言与①!龟筮犹不能知也,而况于人乎!《诗》云:'我龟既厌,不我告犹②。'《兑命》曰:'爵无及恶德,民立而正。''事纯而祭祀③,是为不敬。事烦则乱,事神则难。'《易》曰:'不恒其德,或承之羞。''恒其德侦④,妇人吉,夫子凶。'"

【注释】

①与——音鱼。　②犹——通猷。　③纯——郑玄云:"纯或为烦。"按:作"烦"为是。　④侦——音贞。

【译解】

孔子说:"南方人有句话说:'人要是性行无常,就不可为他卜筮。'这大概是古代留下的话吧!这种人的吉凶连神龟灵蓍都不知道,何况是人呢!《诗经·小雅·小旻》篇说:'我们的神龟已经厌倦,不再告诉我们谋划的吉凶。'《尚书·兑命》篇说:'爵位不要赐及德行恶劣的人,否则,人民将树立为仿效的目标。''事情烦杂而进行祭祀,这就是对鬼神的不敬。事务烦杂那就乱了,事奉鬼神就难以得福。'《易经·恒》卦说:'不能恒久保持美德,有时就要承受羞辱。''恒久保持柔德,每每问人求正,妇女这样可获吉祥,男人这样当有凶险。'"

中华书局

| 初版责编 | 聂丽娟 　王　璇 |